« On

tout

Pierre Tevanian
et Jean-Charles Stevens

# « On ne peut pas accueillir toute la misère du monde »

## En finir avec une sentence de mort

anamosa

# Une sentence de mort

Proférés pour clore toute discussion, ces dix mots semblent constituer l'horizon indépassable de tout débat sur les migrations. En France comme en Belgique, et sans doute ailleurs, ils tombent comme un couperet pour justifier toujours le « contrôle » et la « maîtrise » des « flux migratoires » – c'est-à-dire, en termes moins euphémiques : le refus, la restriction, la fin de non-recevoir et la répression. En ce sens, ils constituent bien ce qu'on appelle une *sentence*, dans les deux sens du mot : une simple phrase tout d'abord, exprimant une pensée de manière concise et dogmatique, sans développement argumentatif, mais aussi un verdict, une condamnation, prononcée par une autorité à l'encontre d'un ou d'une accusé·e. La juridiction, ici, est l'État, ou tout bon citoyen qui s'en veut le garant ou le fondé de pouvoir. L'accusé·e est, bien entendu, le ou la réfugié·e, le ou la migrant·e[1]. Quant à la peine prononcée, c'est d'abord, purement et simplement, même si l'on feint de l'ignorer, une peine de mort – en premier lieu pour les 28 177 morts comptabilisés en Méditerranée entre 2014 et octobre 2023, les 1 056 au nord ou à l'est de l'Europe. Ce que le réseau Migreurop a nommé la « stratégie du laisser-mourir

1 Sur les mots « immigré·e », « migrant·e » ou « réfugié·e », leurs significations et connotations, leurs usages et mésusages, voir Cécile Canut, « Migrants et réfugiés : quand dire, c'est faire la politique migratoire », *Vacarme*, juin 2016. Voir aussi Karen Akoka, *L'Asile et l'Exil. Une histoire de la distinction réfugié/migrants*, Paris, La Découverte, 2020. Nous utiliserons dans ce livre les mots « migrant·es » et « immigrés·es » pour désigner la plupart du temps les mêmes personnes, envisagées dans le premier cas *pendant* leur migration, dans le second cas à son terme, une fois installées dans leur pays « d'accueil ». Quant au mot « réfugié·e », nous l'utiliserons, quel que soit le statut légal des personnes concernées (bénéficiaires du statut de réfugié·e, ou déboutées de leurs demandes), pour souligner le motif d'une bonne part des migrations : trouver un refuge, autrement dit une protection contre un péril, une menace, qu'elle soit « politique », « économique » ou (bien souvent) les deux ensemble.

en mer [2] ». C'est aussi, sous différentes formes, la mort sociale et la « vie mutilée[3] » qui attendent en Europe les survivant·es, devenu·es sans-papiers, dans leurs campements puis au-delà : harcèlement et violences policières, « destruction des biens personnels, interdiction de distribuer de la nourriture, batailles juridiques pour accéder à l'eau potable[4] », dédales administratifs, discriminations multiformes.

Nous laisserons de côté ici les controverses possibles sur la stature morale et les intentions de Michel Rocard[5],

---

2 Migreurop, « La Manche, l'autre cimetière de l'Europe », 7 déc. 2021, https://migreurop.org/article3070.html. Sur le « laisser-mourir » comme forme paradigmatique du pouvoir souverain, voir Michel Foucault, « Droit de mort et pouvoir sur la vie », dans *Histoire de la sexualité* 1 : *La Volonté de savoir*, Paris, Gallimard, 1978.

3 Voir Theodor W. Adorno, *Minima moralia. Réflexions sur la vie mutilée*, Paris, Payot, 2003.

4 Migreurop, « La Manche, l'autre cimetière de l'Europe », https://migreurop.org, 07 déc. 2021. Les chiffres concernant les morts en Méditerranée, dans la Manche et à la frontière orientale de l'Europe sont disponibles, et mis à jour en temps réel, sur le site du Missing Migrants Project : https://missingmigrants.iom.int/fr. Lire aussi : Carine Fouteau, « Méditerranée, cimetière migratoire », 2012-2015, série de 25 articles sur Mediapart : https://www.mediapart.fr/journal/dossier/international/la-mediterranee-cimetiere-migratoire. Voir également : Léa Emmanuel, « Mise en œuvre de la politique des demandeurs d'asile. Perception du processus de la part des requérants », mémoire de master en science politique, Université Libre de Bruxelles, 2018 ; Stefan Le Courant, *Vivre sous la menace. Les sans-papiers et l'État*, Paris, Seuil, 2022 ; Défenseur des droits, « Rapport. Exilés et droits fondamentaux, trois ans après le rapport Calais », 14 décembre 2018, https://www.defenseurdesdroits.fr/sites/default/files/atoms/files/synth-rapportcalais-fr-ipcan-num-07.12.18.pdf ; Nejma Brahim, « Bilan Macron. Migrations : un quinquennat de maltraitance envers les exilés », Mediapart, 4 mars 2022, https://www.mediapart.fr/journal/france/040322/bilan-macron-migrations-un-quinquennat-de-maltraitance-envers-les-exiles.

5 Sur ces points, voir Thomas Deltombe, « Michel Rocard, martyr ou mystificateur ? », *Le Monde diplomatique*, sept. 2009, https://www.monde-diplomatique.fr/carnet/2009-09-30-Rocard ; ou encore, plus récemment : Checknews, « "On ne peut pas accueillir toute la misère du monde" : la vraie histoire de la citation de Michel Rocard reprise par Macron », liberation.fr, 25 septembre 2023, https://www.liberation.fr/checknews/on-ne-peut-pas-accueillir-toute-la-misere-du-monde-la-vraie-histoire-de-la-citation-reprise-hier-par-macron-20230925_TCKS3XCUEVHPHHLUSSJLLP5XNA

qui fut l'un des premiers politiciens à populariser cette sentence, et dont le nom est parfois utilisé comme argument d'autorité. Nous nous concentrerons plutôt sur la teneur du propos, maintes fois recyclé par nos dirigeants – de Michel Sapin (PS) en 2015 à Hervé Morin (Nouveau Centre) en 2011, de Manuel Valls (PS) en 2013 à Alain Juppé (UMP) en 2015, sans oublier Emmanuel Macron en 2017[6] puis à nouveau le 24 septembre 2023. Nous soutenons pour notre part que cette phrase est profondément xénophobe et, à ce titre, moralement et politiquement problématique. Nous soutenons également qu'elle repose sur de nombreux sophismes, que nous entendons déconstruire ici.

L'enjeu d'une telle déconstruction est ni plus ni moins que la levée d'un tabou : un interdit de parler, et même de penser et de sentir. C'est en effet l'émotion, autant et en même temps que la pensée, qui est empêchée, étouffée, verrouillée par ces dix mots prononcés toujours sur le mode de l'évidence et de la mise en garde : toute objection est importune. La sentence joue en somme le rôle d'« esquive » ou, pour reprendre les mots de Gilles Deleuze, de « schème sensorimoteur », dont la fonction est de neutraliser en chacun·e de nous toute affection, toute perception et toute idée de « l'intolérable » :

> Nos schèmes sensorimoteurs, ils sont faits pour que nous passions à côté, [...] pour que nous passions d'un objet à un autre [...]. De toute manière, on appellera intolérable tout ce qui

6 Citations reprises dans « Les oreilles loin du front », Fréquence Paris Plurielle, 30 septembre 2022, https://www.loldf.org/spip.php?article1015.

> dépasse nos seuils sensorimoteurs. [...]. Mais il y a des fois où ça ne fonctionne pas : vous êtes dans la rue, vous voyez un personnage, là, vous ne savez pas pourquoi, et vous comprenez d'un coup quelque chose que vous n'avez pas compris sur cent autres cas tout à fait semblables. Vous voyez quelque chose : un court moment vous êtes devenu un voyant, et vous en avez saisi en une seconde beaucoup plus que vous en avez saisi pendant quinze ans, et ou bien vous oublierez vite, ou bien il y a quelque chose qui ne sera plus pareil en vous. Là, par exemple, vous verrez dans un atelier un travail d'usine particulièrement dur, et puis votre esquive sensorimotrice, « Faut bien que les gens travaillent », ça ne vaudra plus, même à vous ça paraîtra dérisoire. Vous aurez aperçu, vous aurez entrevu quelque chose dont vous ne reviendrez pas. Rosselini, *Europe 51* : la bourgeoise voit l'usine et elle balbutie : « J'ai cru voir des condamnés ». Pourtant, elle en avait vu mille fois en passant en voiture, des usines, mais voilà qu'un jour : « J'ai cru voir des condamnés »[7].

Notre travail vise en somme à défaire ces esquives qui nous déconnectent de nos propres affects et de notre propre capacité de penser. Il ne s'agit pas d'opposer simplement l'authenticité de l'empathie et de l'indignation à la cruauté d'une froide raison calculatrice – ce qui reviendrait à reconduire, en miroir inversé, l'opposition manichéenne qui est construite

---

7 Gilles Deleuze, *Cinéma*, Livre Audio (6 CD), Paris, Gallimard, 2006.

par la « pensée d'État » entre une « raison » monopolisée par les gestionnaires et des « élans du cœur », aussi « irréfléchis » qu'« aveugles » et « irresponsables »[8]. Ce que nous combattons n'est pas une raison pure mais une rationalité particulière, mêlée – pour ne pas dire asservie – à un ensemble d'affects, à commencer par la soif de pouvoir et la peur de « l'étranger ». Et ce que nous y opposons, en positif, est tout simplement une autre rationalité, nourrie de travaux scientifiques, soucieuse de véracité quant aux faits invoqués, et de cohérence logique dans les conclusions que nous en tirons, mais une rationalité qui n'en est pas moins, elle aussi, guidée par des affects. La différence et le différend résident simplement dans la nature des affects investis. S'il faut nommer ces ressorts intimes et affectifs[9] qui guident notre entreprise, motivent notre réflexion et nous imposent la rigueur dans le raisonnement, disons qu'il s'agit d'une sympathie pour des frères et sœurs humains, d'une colère contre une oppression, mais aussi d'un certain besoin d'estime de soi, lui-même corrélé à une certaine idée de la citoyenneté, de l'hospitalité, de la solidarité, de l'égalité et de la justice.

---

**8** Sur la « pensée d'État », voir Abdelmalek Sayad, *La Double Absence. Des illusions de l'émigré aux souffrances de l'immigré*, Paris, Seuil, 1999, chap. 12 : « Immigration et pensée d'État ». Sur l'opposition factice entre gestion « raisonnable » et « émotions » irresponsables, voir Pierre Tevanian, Sylvie Tissot, « Angélisme et réalisme » et « Modération et raison », in *Dictionnaire de la lepénisation des esprits*, Paris, L'esprit frappeur, 2002.

**9** Voir Pierre Tevanian, « Plaidoyer pour les bons sentiments », lmsi.net, nov. 2011.

# « On »

Le tout premier mot pose déjà problème : qui est ce « on », faussement indéfini ? Ou ce « nous », dans certaines variantes de la même phrase ? C'est bien évidemment la personne qui prononce ou écrit la phrase. Mais le « on » va justement plus loin qu'un « je », il renvoie bien à un « nous » : une ou plusieurs personnes, sans qu'il soit possible de savoir qui exactement. Nous voici donc face à une première entourloupe, très classique en politique : plutôt que de dire « je », et d'assumer seul·e, avec l'unique force des arguments rationnels, un choix politique éminemment critiquable, celui en l'occurrence de la fermeture des frontières, du maintien de la forteresse Europe et de la chasse aux sans-papiers, ruineuse économiquement et criminelle moralement, le « nous » permet d'une part de diluer la responsabilité, d'autre part de « faire masse », d'intimider l'interlocteur·trice et enfin de l'amadouer.

Le « nous » désigne en effet, grammaticalement, un ensemble formé par un « vous » et un « moi ». Le sujet qui prononce le « nous » embarque donc son destinataire avec lui, immédiatement et directement. Il s'adresse à des personnes avec lesquelles il s'identifie et crée de ce fait une communauté, de manière immédiate, implicite, *performative* – et, il faut bien l'avouer : expéditive.

Ce « nous gouvernemental » est en fait abusif à deux égards. Il est abusivement *inclusif*, en ce sens qu'il postule un consensus, une communauté de situation, d'intérêt et donc de destin qui n'existe pas, en enrôlant de force toute la nation derrière un choix politique qui est tout ce qu'il y a de plus singulier et *litigieux*, et qui est le fait d'une toute petite caste (comme le font également les fameux « Nous traversons une période difficile » et « Nous allons devoir faire des sacrifices », énoncés par des dirigeants qui ne souffrent en rien des crises économiques, et moins encore des politiques d'« austérité » qu'ils imposent en réponse auxdites crises).

Ce « nous » est aussi abusivement *exclusif*, dans la mesure où la communauté qu'il postule, aussi vaste soit elle, est malgré tout définie par un contour qui indique un dehors, une altérité exclue du « nous ». « Nous » signifie en effet « je et tu », ou « je et vous », en tout cas « moi et *des autres* », mais pas – ou très rarement – moi et *tous les autres*. Le « nous » se distingue du « je », mais il s'oppose aussi, presque toujours, à un « eux ». Le contenu de ce « eux » peut être plus ou moins explicite ou implicite, mais le « nous » construit toujours un dispositif à trois termes :

- moi ;
- les autres que j'associe à moi, et qui sont donc, sous des modalités variables, pour une raison ou pour une autre, « les miens » ;
- et enfin les *autres autres*, les autres qui ne sont pas « les miens », que « je » n'inclus donc pas dans le « nous », mais plutôt dans un « eux ».

Ces *autres autres* dont « je » parle – ou dont « nous » parlons – *à la troisième personne* ne sont ni des sujets parlants (« je » ou « nous »), ni des destinataires de notre parole (« tu » ou « vous »), mais de purs *objets parlés* (« eux »). Ce sont en outre des objets parlés *en leur absence*, donc sans possibilité matérielle de répondre et d'être entendus – ce qui ouvre bien entendu sur une violence possible.

Tout cela est en fait de bonne guerre politique, chaque « camp » créant son « nous » en opposition à un « eux » à combattre. Nous les bons contre eux les mauvais, nous les vrais contre eux les faux, ou plus précisément, dans la pensée de gauche : nous les travailleurs exploités contre eux les bourgeois exploiteurs. Ou, dans les pensées nationalistes et racistes : nous les Français ou nous les Belges contre eux les étrangers, nous les bons Français ou les bons Belges contre eux les mauvais, nous les « autochtones » contre eux les « allochtones », nous les « Français de souche » contre eux les « Français de papier ».

Le « nous », « première personne du pluriel », porte donc bien son nom : il permet de trancher à vif dans la pluralité humaine pour y introduire du classement, de la hiérarchie, de la préférence : du « premier » dans le « pluriel ». « Nous », c'est autre chose qu'un « moi et toi et lui et elle » qui se déclinerait à l'infini, et désignerait l'humanité ordinaire, l'ensemble de toutes les singularités quelconques, différentes et égales. « Nous » signifie plutôt : « moi, et toi, et lui, et elle, *et pas lui*, *et pas elle* ».

Or, à l'évidence, le « nous » de « nous ne pouvons pas accueillir toute la misère du monde » renvoie à une collectivité qui est nationale. Il désigne l'ensemble des « nationaux » : les Français·es, les Belges, ou tout autre citoyen·ne d'un pays d'immigration prononçant la fameuse phrase – et le « eux » auquel il renvoie désigne donc les personnes étrangères. Ce « nous » national est en somme, qu'on l'assume ou non, une expression de la « préférence nationale » chère à tous les xénophobes[9] – dans la mesure où

---

9 Antoine Math, « La préférence nationale s'installe », *Plein droit*, n° 91, déc. 2011.

il exprime une vision du monde social très particulière, avec un parti pris très particulier dans la désignation de l'ennemi et de l'ami ou de l'allié : plutôt que l'union de « nous les opprimé·es », toutes nationalités confondues, contre « eux les oppresseurs », toutes nationalités confondues, plutôt que « nous les antiracistes » contre « eux les racistes », c'est une union sacrée de tous les nationaux (riches et pauvres, dominant·es et dominé·es, démocrates et antidémocrates) qui est invoquée, contre une masse d'étrangers.

# « Ne peut pas »

Le verbe « pouvoir » renvoie à deux notions : la possibilité et l'autorisation. « Ne pas pouvoir », c'est faire face à une impossibilité ou à un interdit. Ce qui renvoie à un choix restreint, voire « forcé » (l'interdit renvoyant à une sanction en cas de « mauvais choix »), ou à une absence de choix (une option impossible ne pouvant par définition pas être choisie, ou du moins pas réalisée jusqu'à son terme).

Il y a là, bien évidemment, un nouveau coup de force rhétorique, là encore dans le sens d'une déresponsabilisation. La responsabilité de la fermeture des frontières, du quasi-démantèlement de l'asile et des milliers de morts que ces politiques engendrent, n'est pas seulement diluée dans un « nous » indéfini, elle est purement et simplement niée, dans la mesure où le choix politique n'est pas assumé comme tel, mais présenté au contraire comme la simple reconnaissance et le simple accompagnement d'une stricte *nécessité*. Nul n'étant tenu à l'impossible, il apparaît dès lors illégitime de demander le moindre compte et la moindre remise en question.

Ladite impossibilité est présentée comme un état de fait, une donnée incontestable face à laquelle il n'y a rien qui puisse s'opposer, et sur laquelle il n'y a pas de maîtrise possible. Il n'y a plus une question politique, sur laquelle plusieurs réponses peuvent être apportées, et sur laquelle un débat citoyen peut avoir lieu : il s'agit plutôt de clore toute discussion, en prétendant affirmer une vérité incontestée et incontestable. « Nous ne pouvons pas » vient, en somme, en lieu et place de « Je ne veux pas », et permet de sauver les apparences de la volonté bonne, de l'intention pure, du petit cœur humaniste – chrétien, de gauche, ou les deux – qui bat sous l'armure bleu marine du ministre ou du président « réaliste ». Cet artifice rhétorique, consistant à simuler l'impuissance, l'incapacité (« on aimerait bien, mais on ne peut pas »), est d'autant plus odieux qu'il est utilisé par des dirigeants qui sont en général arrivés au pouvoir en faisant campagne sur le refus de « l'immobilisme » et du « fatalisme », et en nous expliquant qu'avec « de la volonté politique », « tout est possible ».

Pour revenir à la question de l'asile et de l'immigration, il est tout simplement faux de dire qu'on ne peut pas changer de politique, qu'il est impossible d'ouvrir les frontières, de repenser et refonder le droit d'asile, et que la seule option possible est de pourchasser, traquer, enfermer, expulser, terroriser une partie de la population dont le tort est de venir d'ailleurs. Il est à l'évidence possible d'« accueillir la misère du monde » (si l'on tient à cette expression problématique) : de nombreux pays le font, plus ou moins bien, mais dans des proportions nettement supérieures à celles que pratiquent la France, la Belgique ou d'autres pays riches. Si l'on se cantonne au présent ou au passé récent, quelques faits peuvent être rappelés à toutes celles et à tous ceux qui, dès que pointe le nez d'un·e réfugié·e, voient de l'impossible partout :

- à l'échelle de la planète, selon un rapport du Haut Comité aux Réfugiés des Nations unies paru en 2021, et concernant l'année 2020, dix pays, qui ne sont pas « nous » (ni la France, ni la Belgique), accueillent sur leur territoire un sixième des réfugiés du monde (il s'agit, dans l'ordre, de la Turquie, de la Colombie, du

Pakistan, de l'Ouganda, de l'Allemagne, du Soudan, du Liban, du Bangladesh, de l'Éthiopie et de l'Iran[10]) ;

- selon le même rapport, une grande majorité des réfugié·es (73 %) est accueillie dans un pays voisin du pays d'origine, et une majorité plus grande encore (86 %) dans un pays dit « en développement » (à eux seuls, le Bangladesh, le Tchad, la République démocratique du Congo, l'Éthiopie, le Rwanda, le Soudan, la République unie de Tanzanie, l'Ouganda et le Yémen accueillent 6,7 millions de réfugiés, soit 27 % du total mondial) ;

- en comparant le nombre de réfugié·es par rapport à la population totale de ces pays la même année (2020), c'est le Liban, puis la Turquie, la Colombie, l'Ouganda et le Soudan qui « accueillent » la plus lourde « charge » (la proportion de réfugié·es s'élevant respectivement à 12,7 %, 4 %, 3,3 %, 3,1 % et 2,3 % de la population du pays, tandis qu'elle s'élève à 1,4 % pour l'Allemagne et, loin derrière, à 0,7 % pour la France).

Ces données appelleraient, bien entendu, de nombreux commentaires, y compris sur les termes employés, en particulier le mot « accueillir » et le mot « charge » – nous y reviendrons dans les prochains chapitres. On peut toutefois constater, pour le moment, que même si l'on accepte cette logique comptable d'une part (les réfugié·es doivent être rentables pour être acceptables), et d'autre part

---

**10** La Turquie reçoit plus de 3,65 millions de réfugiés, la Colombie 1,73 million, le Pakistan 1,44 million, l'Ouganda 1,42 million, l'Allemagne 1,21 million, le Soudan 1,04 million, le Liban 870 000, le Bangladesh 870 000, l'Éthiopie 800 000 et l'Iran 800 000. Source : https://www.unhcr.org/fr/apercu-statistique.html et https://www.unhcr.org/flagship-reports/globalreport/.

ce présupposé « misérabiliste » (les réfugié·es sont avant tout une charge), les faits donnent tort aux dirigeants français ou belges lorsqu'ils invoquent une « impossibilité » ou une « impuissance » d'ordre essentiellement économique (« nous n'avons pas les moyens », ou nous ne les avons « plus ») pour « fermer la porte » et se soustraire aux obligations internationales concernant le droit d'asile. Car les faits nous montrent ceci : ledit « accueil » de ladite « misère du monde » est de l'ordre du possible, il est même réalisé *de facto*, et pour sa plus grande part il l'est par des pays dont la puissance économique n'est absolument pas supérieure à la « nôtre ».

Pour le dire plus crûment, il est tout de même problématique – et, si l'on peut se permettre, indécent – d'invoquer *l'impuissance économique* lorsque, comme la France de 2022, on est – selon le classement du FMI – la *deuxième puissance économique européenne* et la *sixième puissance économique mondiale*. Le scandale existe d'ailleurs non seulement à l'échelle mondiale (l'Europe, globalement plus riche, accueille plutôt moins de réfugié·es que l'Afrique et l'Asie, globalement moins riches), mais aussi à l'intérieur du continent européen : selon des chiffres d'Eurostat pour l'année 2020, la France, seconde puissance économique d'Europe, se distingue par une « puissance d'accueil » tout à fait ridicule : avec 226 890 titres de séjour accordés, soit 0,33 % de la population du pays, elle se situe très loin derrière les pays européens les plus accueillants, à savoir Malte (105 729 titres de séjour délivrés, soit 2,1 % de la population maltaise), la Pologne (1,6 %) et Chypre (1,4 %), en dessous de la moyenne européenne (0,5 %), et pas très loin en fait des pays les moins « accueillants » : la Bulgarie (0,15 %) et la Roumanie (0,1 %)[11].

Notons, pour finir sur ce point, que la récente guerre d'Ukraine et l'exode qu'elle a occasionné ont apporté à leur manière une réfutation supplémentaire de la proverbiale impossibilité de l'accueil. Comme l'a très bien résumé le réseau Migreurop : « Aujourd'hui l'UE fait pour les exilé·es ukrainien·ne·s ce qu'elle a longtemps prétendu impossible : permettre la mobilité des personnes en quête de refuge et la reconnaissance de leurs droits plutôt que de chercher à les bloquer à tout prix. Cette brèche ouverte avec la mobilisation exceptionnelle dont font preuve aujourd'hui les États membres démontre que, contrairement à ce qu'elle a toujours dit, l'UE a la capacité d'accueillir un très grand nombre d'exilé·es. Le réseau Migreurop réclame que cet élan de solidarité et d'accueil soit étendu à toutes les personnes quelles que soient l'origine, la nationalité, la couleur de la peau, la classe, etc.[12] ». De cette extension à « toutes » les personnes, et du refus opiniâtre dont elle fait l'objet, nous allons bien sûr reparler.

---

**11** Données complètes sur https://www.touteleurope.eu/societe/l-octroi-des-titres-de-sejour-dans-l-ue/

**12** Migreurop, « Accueil sélectif aux frontières européennes : du racisme des politiques migratoires », www.migreurop.org, 22 mars 2022.

# « Accueillir »

Venons-en maintenant au verbe « accueillir », employé jusqu'ici par commodité, mais lui-même piégé, dans la mesure où il peut renvoyer à des réalités tout à fait diverses, et permet donc à nos orateurs quelques glissades rhétoriques tout à fait spécieuses. En effet, ce verbe est utilisé couramment dans les institutions internationales pour désigner la simple présence d'immigrants sur un territoire donné (« accueillir » est alors à entendre au sens de « compter sur son territoire »). Il possède aussi un sens plus « actif », en désignant une politique publique, consistant à accorder à ces immigrants un statut et des droits afférents. Il est enfin utilisé dans la langue courante, avec une charge affective plus forte et une connotation plus positive, pour exprimer une conception bien plus exigeante et engageante de l'hospitalité : recevoir « comme il faut », souhaiter la bienvenue, prendre soin, voire héberger chez soi.

C'est d'ailleurs le verbe « héberger » qu'avait au départ employé le Premier ministre socialiste Michel Rocard, dans l'émission « Sept sur Sept » du 3 décembre 1989, qui défraya la chronique et popularisa notre fameuse formule : « Il faut lutter contre toute immigration nouvelle : à quatre millions – un peu plus : quatre millions deux cent mille étrangers en France – nous ne pouvons pas héberger toute la misère du monde. Ce n'est pas possible[13]. »

En choisissant de tels mots (« accueillir », « héberger »), on laisse la métaphore domestique s'inviter

13 Une sortie qui fut ensuite occultée, dans la légende dorée de Michel Rocard, au profit d'une allocution bien plus confidentielle tenue dans les locaux de la Cimade. Voir Deltombe, « Michel Rocard, martyr ou mystificateur ? », art. cité.

dans les esprits, en écho au « nous » très « impliquant » qui ouvre la phrase (« nous » accueillons des étrangers « chez nous »), avec tous les glissements politiques funestes que cela peut entraîner – du sinistre « On est chez nous ! », cri de ralliement de toutes les meutes fascistes (des meetings lepénistes et zemmouristes aux crimes de sang à caractère raciste comme le meurtre du rugbyman Federico Martín Aramburú[14]), aux édifiantes sorties de nos ministres de l'Intérieur, dont la plus illustre est sans doute celle de Jean-Louis Debré en 1997 : « Est-ce que vous acceptez que des étrangers viennent chez vous, s'installent chez vous et se servent dans votre frigidaire ? Non, bien évidemment ! Eh bien c'est pareil pour la France[15] ».

Plus largement, si le pays est conçu comme une maison, les « nationaux » deviennent, en filant la métaphore, les uniques propriétaires ou locataires légitimes, et les résidents étrangers, fussent-ils installés, et titulaires d'un bail ou d'un titre de propriété, se retrouvent relégués au rang d'« invités », tenus de respecter de très dissymétriques « lois de l'hospitalité » – et donc soustraits au régime de *l'égalité devant la loi commune*[16].

---

**14** Voir AFP, « Selon Marine Le Pen, dire “On est chez nous” est “un cri d'amour” », *L'Express*, 17 fév. 2017 ; Cécile Bardy, « “On est chez nous”. À Villepinte, le meeting de Zemmour sous haute tension », *Ouest-France*, 5 déc. 2021 ; Stéphane Joahny, « Meurtre du rugbyman Federico Martín Aramburú : le récit en trois actes de la nuit qui a mené au drame », *Le Journal du Dimanche*, 17 avril 2022.

**15** Jean-Louis Debré cité *in* Tevanian, Tissot, *Dictionnaire de la lepénisation des esprits*, *op. cit.*, article « Chez soi ».

**16** Voir Tevanian, Tissot, *Dictionnaire de la lepénisation des esprits*, *op. cit.* ; Mireille Rosello, « Immigration, discours et contradictions », *in* A. Montandon (dir.), *Le Livre de l'hospitalité. Accueil de l'étranger dans l'histoire et les cultures*, Paris, Bayard, 2004 ; Magali Bessone, « Le vocabulaire de l'hospitalité est-il républicain ? », *Éthique publique*, n° 17, juin 2015.

Le refrain est connu, tous les leaders de l'extrême droite, mais aussi ceux de la droite de gouvernement, l'ont un jour entonné : que les belles âmes qui s'indignent et défendent les immigrés « les prennent chez eux » ! Notons au passage que de nombreux·ses citoyen·ne·s le font déjà, quand il le faut, sans avoir jamais éprouvé le besoin de s'en glorifier, sans avoir non plus attendu ces injonctions sarcastiques. Notons aussi qu'à cette échelle nationale, comme à l'échelle européenne et à l'échelle mondiale évoquées plus haut, la « puissance d'accueil » s'avère tout à fait déconnectée de la « puissance économique » : les hébergeurs et hébergeuses ne sont pas spécialement issu·es de la « gauche caviar » ou de la petite bourgeoisie « bobo bien-pensante », volontiers montrée du doigt par nos gouvernements[17], et ils sont encore moins issus de la grande bourgeoisie *mal pensante*, celle qui se proclame « politiquement incorrecte » et qui constitue la base sociale desdits gouvernements.

Même si l'on ne joue pas cette sempiternelle rengaine xénophobe, le terme « accueillir » a ceci de spécieux qu'il travestit l'enjeu du débat en lançant une injonction effectivement ambitieuse (accueillir au sens fort, donc héberger et prendre soin, de personnes qui plus est présentées comme foncièrement « miséreuses », nous allons y venir) à un ensemble tellement flou (ce fameux « nous ») que chacun·e, notamment parmi les plus pauvres, peut se sentir effectivement dépassé·e, impuissant·e et

---

17 Voir Jean-Yves Authier, Anaïs Collet, Colin Giraud, Sylvie Tissot (dir.), *Les Bobos n'existent pas*, Lyon, Presses universitaires de Lyon, 2018.

donc tenté·e de « décliner l'offre » – le seul problème étant qu'il n'a jamais été question d'individuellement héberger et prendre en charge chaque « arrivant·e » mais de mener *une politique publique*, avec les moyens d'un *État*, celui d'un pays qui, répétons-le, se situe au *sixième rang mondial* en termes de richesse.

Pour le dire autrement : contrairement à ce que peut laisser entendre ce verbe équivoque, ce qui est en jeu avant tout dans le débat public sur l'asile et l'immigration, et qui est refusé quand on prononce cette fameuse phrase sur « la misère du monde », n'est pas la prise en charge personnelle et à domicile de chaque « misérable » qui arrive en France ou en Belgique, mais le fait de laisser tranquille des gens qui arrivent dans ces pays, de ne pas les traquer comme des bandits, de ne pas les enfermer, de ne pas les expulser – de les laisser, déjà, « s'aider eux-mêmes ». C'est aussi, bien sûr, ce minimum d'aide qu'est un statut, un titre de séjour et des droits sociaux, à égalité avec n'importe quel·le citoyen·ne du pays, de manière à pouvoir vivre, travailler, se nourrir, se loger, se soigner. Et si d'autres aides, au logement notamment, sont assurément exigibles, c'est ni plus ni moins que pour n'importe quel·le habitant·e dans le besoin – ce que les finances de la sixième puissance économique mondiale, répétons-le, peuvent tout à fait assurer, si la volonté politique est là.

Il se trouve aussi, on l'a dit, que dans une société démocratique, il existe des citoyen·ne·s, plus sensibles que d'autres à ladite « misère du monde », qui souhaitent aller au-delà de ce que doit faire leur État (au regard des grandes conventions internationales : Déclaration universelle des droits humains de 1948, Convention de Genève de 1951 sur le droit d'asile, Convention des droits de l'enfant de 1989[18]), au-delà en tout cas de ce que leur État fait effectivement, et qui apportent une aide plus directe et plus substantielle, par exemple en hébergeant à leur domicile des nouveaux arrivants[19]. Il se trouve aussi qu'en France, ledit État, non content de fouler aux pieds le minimum auquel il s'est engagé en signant ces conventions internationales, non content aussi de dissuader toutes les bonnes volontés citoyennes en professant l'impossibilité de l'accueil, s'évertue à *illégaliser* ce qu'il ne peut pas totalement *empêcher*. Cédric Herrou n'est qu'un nom parmi des dizaines d'autres[20], le plus célèbre, de ces citoyen·ne·s traîné·es devant les tribunaux et menacé·es de prison pour avoir fait primer, en actes, les principes de liberté, d'égalité et

**18** Voir Catherine Wihtol de Wenden, *Le Droit d'émigrer*, Paris, CNRS Éditions, 2013. Sur les atteintes aux droits fondamentaux des enfants, voir notamment : Défenseur des droits, « Rapport au Comité des droits de l'enfant de l'ONU », 10 juil. 2020, https://www.defenseurdesdroits.fr/sites/default/files/atoms/files/rapcomitedroitsenfantsonu_access.pdf

**19** Voir Marjorie Gerbier-Aublanc, « Un migrant chez soi » et Martin Deleixhe, « L'événement de la rencontre. La Plateforme citoyenne de soutien aux réfugiés en Belgique », in *Esprit*, « Le courage de l'hospitalité », juil.-août 2018 ; Michel Agier, *L'Étranger qui vient. Repenser l'hospitalité*, Paris, Seuil, 2018.

**20** Plus exactement 173 autres sur le continent européen, selon les chiffres de 2019. Voir « Du délit de solidarité au principe de fraternité : lois et controverses », 7 mars 2022, https://www.vie-publique.fr/eclairage/18715-du-delit-de-solidarite-au-principe-de-fraternite-lois-et-controverses

de fraternité – et s'être donc rendu·es coupables du fameux délit d'aide au séjour irrégulier, tristement connu, aussi, sous le nom de *délit de solidarité*[21].

Il n'est donc pas faux, en ce sens strictement juridique, qu'on ne « peut » pas accueillir ladite misère du monde : *une législation xénophobe l'interdit*. Mais une autre conclusion peut être tirée de cette prohibition et de cet acharnement à pourchasser et punir l'hospitalité : l'existence même de cette législation scélérate, et de son application zélée, vient précisément prouver qu'il est tout à fait *possible* d'« accueillir la misère du monde ». Si ce n'était pas possible, on n'aurait pas besoin de voter des lois et d'envoyer la police pour nous en empêcher.

À tous les Sarkozy, Hollande, Valls, Macron, Philippe, Castex, Castaner, Darmanin, Di Rupo, Michels, Wilmès, De Croo, Jambon, De Block, Francken ou Mahdi, et à toutes celles et ceux qui les soutiennent, à toutes celles et ceux qui ne font strictement rien pour aider ladite « misère du monde » et qui cachent leur abyssal égoïsme de nantis derrière un chimérique « principe de réalité », on serait tenté de répondre ceci : ne nous dites pas à « nous », peuples de France ou de Belgique, ce que nous « pouvons » ou ne « pouvons pas » faire, contentez-vous d'assumer vos incapacités. Dites que *vous*

---

21 Pour une description précise du dispositif législatif de pénalisation de la solidarité envers les sans-papiers, ainsi qu'une chronique régulièrement mise à jour des cas de poursuites, on se référera au dossier du Gisti : « délit de solidarité », https://www.gisti.org/spip.php?article1399. Pour un cas de persécution analogue, mais en Italie, voir Migreurop, « Domenico Lucano : quand accueillir dignement devient un délit », 15 oct. 2021, http://migreurop.org/article3064.html?lang_article=fr. Sur la répression des associations, voir Charles Heller, Lorenzo Pezzani, *Blaming the Rescuers*, 2017, https://blamingtherescuers.org/.

ne pouvez pas accueillir, ou mieux : que vous ne *voulez* pas – et si vous n'aimez pas la liberté de circulation, l'égalité des droits et la fraternité humaine, n'en dégoûtez pas les autres.

# « Toute »

L'usage du mot « toute » renvoie à une totalité – et pas n'importe laquelle : le « monde », excusez du peu. La ficelle rhétorique est grosse, là encore : il s'agit une fois de plus d'intimider, d'impressionner, de terrifier, d'attiser les phobies en produisant un sentiment de « submersion », d'« invasion », de « grand remplacement », au prix bien entendu d'un brouillage des enjeux et d'une caricature du point de vue adverse – puisqu'il est évident, dès qu'on prend le temps d'y réfléchir, que la question est proprement absurde et hors de propos, personne n'ayant jamais demandé ni à la France ni à la Belgique d'accorder asile et titres de séjours à la totalité des 281 millions de migrant·es de la planète[22]. Pas même, pour commencer, lesdit·es migrant·es ! Il est bon en effet de le rappeler : vivre en France ou en Belgique n'est pas le rêve absolu de tou·te·s les personnes déplacées. La plupart cherchent et trouvent d'abord refuge en Afrique et au Moyen-Orient, dans des pays voisins des leurs, voire dans leur propre pays. Redisons-le : d'après les chiffres du HCR (juin 2021), sur les 82,4 millions de personnes déplacées au cours de l'année 2020, 45,9 millions (soit 55 %) ont trouvé refuge à l'intérieur de leur pays, et 36,5 millions (soit 45 %) à l'extérieur – et sur ces 36,5 millions, 73 % ont été accueillis dans un pays voisin du leur, et 86 % dans un « pays en développement »[23]. Au final, seul·es 6,3 % des déplacé·es ont migré vers un pays riche. Sans compter tou·te·s celles et ceux qui sont frappés par la misère et ne se déplacent pas.

---

22 Chiffres 2020 : https://www.iom.int/fr/propos-de-la-migration

23 Source : https://www.unhcr.org/fr/apercu-statistique.html

Ce qui est demandé à des pays riches comme la France, la Belgique et l'ensemble des pays européens est simplement d'assurer à cette « totalité » un *droit* reconnu par des traités internationaux : le droit d'asile, et plus largement le droit de quitter son pays, et donc d'élire domicile et refaire sa vie dans un autre[24]. Ce qui est demandé est que l'Europe accueille décemment des réfugiés qui représentent autour de 1,25 % de sa population (6,5 millions de réfugiés pour 513 millions d'habitants en 2019[25]).

Ce qui est demandé est que ces pays riches fassent sensiblement plus que ce qu'ils font jusqu'à présent : entre 43 000 et 60 000 titres de séjours délivrés chaque année en Belgique (respectivement en 2013 et 2019), et entre 199 000 et 285 000 en France (respectivement en 2012 en 2019), soit entre 0,4 % et 0,52 % de la population totale pour la Belgique, et entre 0,3 % et 0,4 % pour la France. Notons qu'en 2018, avec un taux de 0,52 % pour la Belgique et de 0,4 % pour la France, ces deux pays se trouvaient nettement en dessous de la moyenne européenne (0,63 %), et respectivement aux 21e et 27e rangs sur 32 pays européens[26].

À l'échelle mondiale enfin, une étude comparative menée en 2019 (à partir de données récoltées en 2015) montre qu'on est encore très loin d'un accueil de « toute » la population migrante : avec

---

**24** Voir Monique Chemillier-Gendreau, *L'Injustifiable. Les politiques françaises d'immigration*, Paris, Bayard, 1998. Voir aussi Alain Morice, « Sortir librement de son pays, entrer librement en Europe : arguments du débat », *Mouvements*, vol. 1, n° 93, 2018.

**25** https://www.unhcr.org/5ee200e37/

**26** Voir les tableaux en annexe.

respectivement 7,9 millions et 1,8 million d'immigrés (nés hors du pays), soit respectivement 12,3 % et 11,1 % de leur population totale, nos deux pays se trouvaient alors loin derrière les Émirats arabes unis (87,3 %), l'Arabie saoudite (34,1 %), la Suisse (29 %), l'Australie (28,2 %), le Canada (20 %), l'Autriche (17,2 %) et les États-Unis (15,1 %), mais aussi derrière le Royaume Uni (12,9 %), l'Espagne (12,7 %) et l'Allemagne (12,5 %)[27].

Ce qui est certain, en revanche, c'est qu'un mensonge répété prend souvent des allures de vérité, et qu'un leitmotiv comme « toute la misère du monde » finit par produire des représentations, des fantasmes et des phobies. Une enquête réalisée en 2015 dans 33 pays a notamment montré que la proportion de migrants vivant sur les territoires nationaux concernés était systématiquement surévaluée par les sondés, de +14 % en Norvège (une moyenne de 16 % de migrants « imaginés » pour une réalité de 14 %) à +500 % en Argentine (30 % de migrants imaginés pour 5 % de migrants réels) – et même +8 233 % au Brésil (25 % de migrants imaginés pour 0,3 % de migrants réels). Cet excès de migrants imaginés s'élève à +237 % en Russie (27 % pour 8 % de migrants réels), +136 % aux États-Unis (33 % pour

---

**27** Gilles Pison, « Le nombre et la part des immigrés dans la population : comparaisons internationales », *Populations et Sociétés*, n° 563, fév. 2019, https://www.ined.fr/fichier/s_rubrique/28889/563.comparaison.internationale.immigre.2019.2.fr.pdf. Si l'on considère enfin la proportion d'étrangers non ressortissants de l'Union européenne installés en Europe, à savoir 5 % (23 millions pour une population totale de 447 millions d'habitants en 2020), et 7,5 % pour la France (5 millions sur une population totale de 67 millions), nous sommes loin encore d'une submersion par « toute la misère du monde » (Source : https://data.census.gov/cedsci/table?q=ACSDT1Y2018.B05001&tid=ACSDT1Y2019.B05001&hidePreview=true).

14 % de migrants réels), +116 % en France et en Allemagne (26 % pour 12 % de migrants réels dans les deux pays), +140 % en Belgique (24 % pour 10 % de migrants réels)[28]. Avec les effets que l'on sait en termes de xénophobie décomplexée, pudiquement rebaptisée « inquiétude » ou « insécurité culturelle ».

Enfin, l'allusion à une « totalité » indésirable – ou, sous une forme euphémisée, « inassumable », « ingérable » – pose un autre problème. En « fermant la porte » à ladite totalité, on l'ouvre grand, en revanche, à l'une des pires dérives intellectuelles, éthiques et politiques : le tri, la sélection, les « quotas », l'« immigration choisie[29] », « assimilable », et le règne de l'arbitraire ou des critères les plus douteux – comme la « qualité », le niveau « intellectuel » et le « profit » qu'on peut en tirer (approche utilitariste), ou encore la « loi de la proximité », le « voisinage », la « ressemblance » et l'affinité « culturelle » (approche culturaliste, identitaire, raciste)[30]. Pour le dire plus crûment, le « Pas toute » se décline soit en un « Pas la piétaille », soit en un « Pas la racaille », soit les deux.

---

**28** Ipsos, « Réalité vs perceptions. 2015 », https://www.ipsos.com/sites/default/files/files-fr-fr/doc_associe/perils_of_perception_fr_2015.pdf

**29** Sur cette formule, et ses mises en applications, voir Mouna Viprey, « Immigration choisie, immigration subie : du discours à la réalité », *La revue de l'IRES*, n° 64, 2010 ; Jean-Philippe Foegle, Estreya de Toledo, « L'immigration choisie mots à maux », *Plein droit*, n° 105, 2015 ; François Héran, *Avec l'immigration. Mesurer, débattre, agir*, Paris, La Découverte, 2017. Voir aussi Souad Lamrani, « Race et frontières : les biais raciaux dans les politiques migratoires et la production de mobilités différenciées », thèse de doctorat en philosophie, Sorbonne Université, 2020.

**30** Voir Ellen Salvi, « Réfugiés ukrainiens : l'indignité derrière la solidarité », *Mediapart*, 1er mars 2022. Cet article propose un florilège édifiant de politiciens et d'éditorialistes usant de ces registres utilitariste, culturaliste et raciste pour justifier leur « ouverture » plus grande à l'égard des réfugiés ukrainiens, en mars 2022.

Cette « hospitalité à deux vitesses », pour reprendre les mots du réseau Migreurop, s'est exprimée avec une singulière candeur – on est tenté de dire : une singulière impudence – à l'occasion de la crise ukrainienne, et plus précisément de l'exil brutal et massif qu'elle a occasionné (plus de 3 millions de personnes déplacées). Les ministres de l'Intérieur de l'Union européenne se sont alors entendus très rapidement sur la mise en œuvre d'un mécanisme de « protection temporaire », conformément à une directive européenne datant de 2001 mais jamais appliquée auparavant – malgré des demandes répétées du monde associatif, notamment pour le cas des Syrien·ne·s en 2011 et des Afghan·es en 2021. Et le double standard ne s'arrête pas là. Comme l'a signalé le réseau Migreurop :

> Par ailleurs, depuis le début de l'invasion militaire russe de l'Ukraine, les pays limitrophes – tels que la Pologne, la Hongrie, la Bulgarie – qui ont, au cours des dernières années, pratiqué une politique de rejet et d'hostilité à l'égard des personnes en exil tentant de traverser leurs frontières, se sont rapidement organisés pour accueillir les Ukrainien·ne·s fuyant la guerre. Ailleurs en Europe, des États qui, il y a peu, criminalisaient la solidarité manifestée par une partie de la population avec les exilé·es l'encouragent au contraire à l'égard des déplacé·es ukrainien·ne·s[31].

---

31 Migreurop, « Accueil sélectif aux frontières européennes : du racisme des politiques migratoires », 22 mars 2022, https://migreurop.org/article3095.html.

Le contraste est en effet saisissant entre le volontarisme affiché en faveur des Ukrainiens et, par exemple, l'abandon des Afghans fuyant le retour des Talibans au pouvoir, à peine un an plus tôt – on se souvient notamment du consternant discours du président Macron, appelant les réfugiés afghans à retourner se battre pour leur pays, et insistant lourdement sur la nécessité d'« anticiper et nous protéger contre les flux migratoires irréguliers importants ». Sans parler d'un autre épisode meurtrier qui a suivi, à l'automne 2021 : le double refoulement, par grand froid, des réfugiés venus du Congo, du Yémen, de l'Irak, de la Syrie et de l'Afghanistan à la frontière entre la Pologne et la Biélorussie[32]. On pourrait, avec beaucoup de bienveillance, conclure à une salutaire prise de conscience, à un changement de cap, et à une rupture définitive avec l'incurie, la frilosité et la xénophobie passée – du moins pourrait-on y songer si les différences de traitement n'étaient pas *synchroniques* en plus d'être *diachroniques*. Car ce n'est pas une ouverture générale qui succède à un repli général, mais un traitement particulier accordé à une population particulière, et c'est bien l'inégalité de traitement qui perdure dans le « moment ukrainien » lui-même. Ce qui se manifeste est une frontière entre bons et mauvais exilés, qui sépare non seulement les « réfugiés » d'Ukraine des « migrants » afghans, mais aussi, au sein même de la « vague ukrainienne », les « vrais Ukrainiens » (les nationaux) et les « faux » (les résidents étrangers installés en Ukraine, a fortiori quand ils sont trop africains, ou trop orientaux) :

---

32 Voir Allan Kaval, « Crise migratoire à la frontière entre Pologne et Biélorussie : “Nous sommes devenus des pions” », *Le Monde*, 18 nov. 2021.

> Nombreux sont les témoignages des personnes originaires d'Afrique, d'Asie et du Moyen-Orient résidant en Ukraine qui font état des pratiques discriminatoires et racistes qu'elles ont eu à subir de la part des gardes-frontières ukrainiens et polonais. Des centaines d'entre elles ont été bloquées dans les gares ferroviaires ou aux frontières, y compris des femmes avec leurs bébés, lors du passage à la frontière. Des vidéos ont circulé sur les réseaux sociaux montrant des personnes attendant, dans un froid intense, d'être autorisées à quitter le territoire ukrainien, tandis que d'autres ont dû rebrousser chemin ou s'organiser pour franchir collectivement les barrages[33].

L'historienne Delphine Diaz a rappelé, à l'occasion de ce « moment ukrainien », que la tentation du tri est hélas plus qu'une tentation. C'est une *tradition*, ancienne : à la fin du XIXe siècle, déjà, on distinguait en France les « réfugiés » polonais, plus « proches de nous », et les Européens du Sud, perçus comme des gueux et des malpropres. Au Royaume-Uni, de même, opéraient des clivages ethnico-religieux, voire raciaux, et des savantes distinctions entre vrais et faux réfugiés, dont nous ne sommes hélas pas près d'être sortis :

---

**33** Voir Mourad Guichard, «"Comme si la France ne voulait pas de nous" : à Orléans, le sort des étudiants africains ayant fui l'Ukraine », *L'Humanité*, 26 avril 2022, https://www.humanite.fr/societe/refugies-ukrainiens/comme-si-la-france-ne-voulait-pas-de-nous-orleans-le-sort-des-etudiants-africains-ayant-fui-l-ukraine-747859 ; Maya Elboudrari, « Pas de protection temporaire pour les Arméniens d'Ukraine », Streetpress, 13 juin 2022, https://www.streetpress.com/sujet/1655113207-guerre-ukraine-russie-france-refuse-accueillir-armeniens-protection-temporaire

> les exilés issus de l'Empire tsariste étaient de plus en plus considérés par l'opinion publique comme inassimilables car de confession juive, et l'on s'interrogeait sur les motifs réels de leur départ : s'agissait-il d'un véritable exil ou d'une migration économique déguisée[34] ?

En France, quelques dizaines d'années après, les mêmes discours ciblaient, en des termes souvent orduriers, des communautés – notamment juive, arménienne, grecque – qui sont aujourd'hui présentées comme « exemplaires », à la fois « industrieuses » et « proches culturellement », et opposées à de mauvais « migrants » de culture musulmane. Le maire socialiste de Marseille, Siméon Flaissières, réclamait par exemple, en 1923, qu'on « rapatrie sans délai ces lamentables troupeaux humains, gros danger public pour le pays tout entier » :

> Depuis quelque temps se produit vers la France, par Marseille, un redoutable courant d'immigration des peuples d'Orient, notamment des Arméniens. Ces malheureux assurent qu'ils ont tout à redouter des Turcs. Au bénéfice de cette affirmation, hommes, femmes, enfants, au nombre de plus de 3 000, se sont déjà abattus sur les quais de notre grand port. Après l'Albano et le Caucase, d'autres navires vont suivre et l'on annonce que 40 000 de ces hôtes sont en route vers nous, ce qui revient à dire que la

**34** Delphine Diaz, « Réfugiés : aux sources d'une hospitalité sélective », *Libération*, 20 mars 2022.

variole, le typhus et la peste se dirigent vers nous, s'ils n'y sont pas déjà en germes pullulants depuis l'arrivée des premiers de ces immigrants, dénués de tout, réfractaires aux mœurs occidentales, rebelles à toute mesure d'hygiène, immobilisés dans leur indolence résignée, passive, ancestrale[35].

Une décennie plus tard, l'éminent démographe Georges Mauco stigmatisait la « déliquescence morale de certains Levantins, Arméniens, Grecs, Juifs et autres "métèques" trafiquants et négociants », en des termes qui rappellent là encore, étrangement et funestement, l'actuelle rhétorique de « l'immigration choisie » :

> L'influence de ces étrangers au point de vue intellectuel, encore que difficilement discernable, apparaît surtout comme s'opposant à la raison, à l'esprit de finesse, à la prudence et au sens de la mesure qui caractérisent le Français[36].

De ces savantes classifications, qui ne font que reformuler, sous une forme sublimée, une bonne grosse discrimination raciale bien sordide, le refus du « tout » est aussi comptable.

---

**35** Siméon Flaissières, *Le Méridional*, 21 oct. 1923, cité *in* Anouche Kunth, « Dans les rets de la xénophobie et de l'antisémitisme : les réfugiés arméniens en France, des années 1920 à 1945 », *Archives Juives*, vol. 48, 2015.

**36** Georges Mauco, *Les Étrangers en France. Leur rôle dans la vie économique*, 1932, cité *in* Sandrine Bertaux, « Les Arméniens dans l'approche démographique française », *Revue du monde arménien moderne et contemporain*, n° 5, 2000.

# « La misère du monde »

Le mot « misère » est un substantif abstrait qui désigne un état, une condition dans laquelle se trouvent une ou plusieurs personnes, marquée par la privation, la précarité et/ou le malheur. Il n'est donc nullement fait mention de personnes, d'individus ou de groupes. Notre phrase ne parle pas de femmes, d'hommes et d'enfants qui seraient « dans la misère », ni même de « miséreux » ou de « misérables », mais simplement de « la misère » : une « misère » sans nom, sans sexe, sans visage. Une « misère » tellement essentielle, fondamentale, « indécrottable », qu'elle prend toute la place, jusqu'à effacer l'humanité de celles et ceux qui la « supportent » – et qui semblent, dans cette phrase, la « transporter » sur leur dos, en tous lieux (du lieu d'origine au lieu d'installation) et en tout temps (du passé qui a causé l'émigration au présent de l'immigration, jusqu'au futur qui est pourtant, dans l'esprit de tou·te·s ces arrivant·es, un futur meilleur).

Cette appellation exerce donc une extrême violence, en premier lieu à l'égard des arrivant·es, dont l'humanité est niée ou en tout cas silenciée et invisibilisée, et dont la route est barrée d'une implacable assignation au malheur et à la pauvreté. Ce malheur dont ils et elles veulent s'extraire leur est renvoyé comme une seconde nature, un destin, une identité, un sobriquet : misère tu fuis, misère tu es, misère tu resteras.

Il n'est pas question, évidemment, de nier la situation de malheur, parfois extrême, qui est à l'origine d'une partie importante des migrations internationales, en particulier quand on fuit la persécution, la guerre ou la guerre civile, ni les situations d'impasse économique qui sont à l'origine de nombre de

« projets migratoires ». Le problème réside dans le fait de réduire des personnes à cette « misère originelle », en niant le fait que les migrant·es, y compris les plus miséreux·euses ou misérables, arrivent « avec leur pauvreté » sans doute, et leurs souffrances, et leurs cicatrices, mais aussi avec leur rage de vivre, leur créativité, leur force de travail, bref : leur puissance. Loin de se réduire à une situation vécue, dont précisément ils et elles cherchent à s'arracher, ce sont de potentiels producteurs de richesses, en tant que travailleurs et travailleuses, cotisant·es et consommateurs·trices. Loin d'être seulement des corps souffrants à prendre en charge, ils et elles sont aussi, par exemple, des médecins et des aides-soignant·es, des auxiliaires de vie, des assistantes maternelles – et plus largement des travailleurs et des travailleuses du *care* assurant notre propre bien-être, particulièrement rentables puisque jeunes, en âge de travailler, déjà formé·es, et sous-payé·es[37].

La grande majorité des études scientifiques, des plus anciennes aux plus récentes, concernant l'impact de l'immigration sur l'activité et la croissance économique, sur l'emploi et les salaires des autochtones, sur l'équilibre des finances publiques, bref :

---

**37** Voir Gisti, « Médecins étrangers : sortir de l'invisibilité », *Plein droit*, n° 92, mars 2012, https://www.gisti.org/spip.php?article4524. Voir aussi Aurore Desjonquères, Moustapha Niang, Mahrez Okba, *Les Métiers des immigrés*, sept. 2021, https://dares.travail-emploi.gouv.fr/sites/default/files/603e003378fb28cf5870f021de8a0ff4/Document%20d%27%C3%A9tudes_metiers_immigr%C3%A9s.pdf ; Nasima Moujoud, « Les sans-papiers et le service domestique en France : femmes et non-droit dans le travail », *Recherches féministes*, vol. 31, n° 1, 2018 ; Maurizio Ambrosini, « Immigration irrégulière et métiers du soin à la personne. Rhétoriques d'exclusion et pratiques de tolérance », *in* C. Schmoll, H. Thiollet, C. Wihtol de Wenden (dir.), *Migrations en Méditerranée*, Paris, CNRS éditions, 2015.

sur la vie économique au sens large, ont montré que l'immigration est davantage une aubaine qu'une charge, et qu'on pourrait donc aussi bien parler de « la jeunesse du monde » ou de « la puissance du monde » que de sa « misère ». Pour commencer, l'ensemble des études chiffrées depuis des décennies a établi que ce n'est justement pas « la misère » qui émigre : au niveau mondial, les pays les plus pauvres constituent une faible part de l'émigration, et la proportion d'émigrant·es est beaucoup plus forte dans les pays à PIB intermédiaire[38]. Au sein même de ces pays, ce ne sont pas non plus les franges de la population les plus « misérables » qui émigrent, mais plutôt les « couches moyennes ». Les migrant·es se situent rarement au plus bas de l'échelle sociale dans leurs pays d'origine, ils et elles sont même souvent au-dessus de la moyenne, tant en termes de capital économique qu'en termes de « capital culturel ». Ces personnes constituent en somme, par rapport aux autres habitant·es de la société d'origine, une population *sélectionnée* : plus jeune, en meilleure santé, plus diplômée, plus « entreprenante », dotée d'un minimum de ressources, ne serait-ce que pour payer le voyage et les frais d'installation[39]. Comme a pu le formuler le démographe et sociologue François Héran :

---

**38** Voir El Mouhoub Mouhoud, « Les migrations internationales, leurs dynamiques et leurs effets : sortir des idées reçues », *Débat des Journées de l'économie*, 8-10 nov. 2012, http://ses.ens-lyon.fr/ses/fichiers/immigration-papier-mouhoud-pbs-eco-2-ver-cor-14-11-12_1353943647594.pdf.

**39** Voir François Héran, « Cinq idées reçues sur l'immigration », *Populations et sociétés*, n° 397, janvier 2004.

Plus que la misère du monde, c'est la misère des États qu'il faudrait évoquer comme ressort majeur de la migration. Sans parler des situations de guerre civile et de persécution qui suscitent des flots de réfugiés, nombreux sont les pays trop démunis pour garantir un minimum de sécurité aux projets individuels (administration désorganisée, système politique instable, infrastructures insuffisantes). S'ils disposent d'un minimum de ressources, ceux qui veulent améliorer leur sort vont chercher ailleurs les garanties nécessaires à leurs projets, ce qui rend parfois difficile la distinction entre migration économique et migration politique[40].

Il est bon de rappeler, également, que dans cette « misère des États », nos propres États ne sont pas pour rien : ils contribuent pour une bonne part à la déstabilisation et à la destruction desdits États, en produisant et en vendant en masse les armes qui alimentent les guerres les plus meurtrières (la France, notamment, est le troisième plus gros exportateur d'armes au monde[41]), mais aussi en maintenant les « pays du Sud » sous la pression de la dette, et en imposant, par le biais du Club de Paris, du Fonds monétaire international et

---

**40** *Ibid.*

**41** Stockholm International Peace Research Institute, « Global arms trade falls slightly, but imports to Europe, East Asia and Oceania rise », https://www.sipri.org/, 14 mars 2022. La France a notamment armé récemment l'Égypte, l'Arabie Saoudite, et les Émirats arabes unis, ainsi que la Russie – voir Aymeric Elluin, Sébastien Fontenelle, *Ventes d'armes. Une honte française*, Paris, Le Passager Clandestin, 2021. Et d'après le site d'investigation *Disclose*, la France a délivré au moins 76 licences d'exportation de matériel de guerre à la Russie depuis 2015, pour un montant total de 152 millions d'euros – voir « Ukraine : la France a livré des armes à la Russie jusqu'en 2020 », 14 mars 2022, https://disclose.ngo/fr/article/ukraine-france-a-livre-armes-russie.

de la Banque mondiale, des « plans d'ajustement structurel » éminemment destructeurs :

> Ces derniers, censés servir au remboursement de dettes publiques souvent en partie illégitimes, sont à la source d'une dégradation constante des conditions d'existence des populations, par la diminution drastique des dépenses publiques afin d'atteindre l'équilibre budgétaire, la libéralisation de l'économie, une production agricole tournée vers l'exportation au détriment des cultures vivrières, etc., autant de mesures d'austérité qui aggravent les inégalités et accroissent la pauvreté[42].

La « misère » que le sens commun associe à la figure de l'immigré·e repose certes sur quelques réalités : les immigré·es sont en moyenne moins « qualifié·es » que les nationaux autochtones, et sont donc plus souvent au chômage, ou moins payé·es, ils ou elles cotisent donc moins et payent moins d'impôts, et bénéficient davantage de certaines prestations sociales comme

**42** Anaïs Carton et Alain Fabart, « Dettes et migrations contraintes : l'étroite imbrication entre exil forcé et domination subie par l'endettement », 11 juin 2021, https://france.attac.org/nos-publications/les-possibles/numero-28-ete-2021/dossier-rapports-internationaux-et-geopolitique/article/dettes-et-migrations-contraintes-l-etroite-imbrication-entre-exil-force-et. Cet article rappelle opportunément la généalogie coloniale de la dette.

les revenus minimaux d'insertion[43] – et enfin ils et elles ont un plus grand nombre d'enfants, et touchent donc plus d'allocations familiales[44]. Mais l'explication de cette surreprésentation dans les dispositifs d'aide sociale n'est en aucun cas une essence miséreuse éternelle qui collerait à la peau de chaque immigré·e : elle réside en grande partie dans les difficultés d'insertion – et bien souvent les discriminations – que les immigrés peuvent rencontrer sur le marché du travail (leur taux de chômage est à peu près deux fois supérieur au reste de la population)[45].

Il faut rappeler surtout que, comme le formule l'économiste Xavier Chojnicki, cette surreprésentation pour certains « risques sociaux » va de pair avec « une sous-représentation pour d'autres risques tels que le risque vieillesse ou le risque santé », qui représentent « plus des trois quarts de nos dépenses sociales » : la

---

**43** D'après les données de l'Insee, en 2018, 32 % des actifs immigrés étaient ouvriers, contre 20 % des autres actifs ; 13 % seulement étaient cadres ou professions intellectuelles supérieures, contre 18 % des autres actifs (source : *Infos migrations*, n° 101, mai 2021). En 2020, la proportion de « non-diplômés » (en-dessous du bac ou du CAP/BEP) variait entre 34,6 % et 38,6 % chez les immigrés de divers continents (Europe, Asie, Afrique, Amérique-Océanie), tandis qu'elle était de 18,9 % chez les autochtones (source : https://www.insee.fr/fr/statistiques/4187349). Quant au taux de chômage, il atteignait 15,3 % en 2018 et 13,9 % en 2019, contre 8,3 % et 7,8 % chez les autres autochtones (source : *Infos migrations*, *op. cit.* et Observatoire des inégalités, « Chômage des immigrés : le poids des inégalités sociales et des discriminations », 11 mai 2021, https://www.inegalites.fr/Chomage-des-immigres-le-poids-des-inegalites-sociales-et-des-discriminations.

**44** En 2016, par exemple, l'indicateur conjoncturel de fécondité des femmes immigrées était de 2,72 enfants par femme, et de 1,79 pour les femmes autochtones. Source : insee.fr/fr/statistiques/3633212#onglet-2.

**45** Voir Chojnicki, « Immigration : combien ça coûte ? », art. cité, et CERC Association, « Immigration, emploi et chômage. Un état des lieux empirique et théorique », 1999, http://www.gisti.org/doc/presse/1999/cerc/.

proportion de jeunes adultes est nettement plus importante parmi les immigré·es[46], qui ont par ailleurs moins recours au système de santé (quel que soit l'âge, du fait notamment d'un retour fréquent au pays d'origine après la vie active, mais du fait aussi d'une moins bonne couverture par les mutuelles), et qui bénéficient enfin de pensions de retraite plus faibles (en raison de carrières professionnelles moins « complètes »). Une vaste étude publiée par l'OCDE en octobre 2021, portant sur la période 2006-2018, le confirme : dans l'ensemble des 25 pays membres, les dépenses publiques consacrées aux immigrés sont plus faibles que pour le reste de la population dans plusieurs domaines comme les pensions de vieillesse et de réversion, la maladie, l'invalidité, l'éducation et la santé[47].

Les évaluations comptables « à charge » contre l'immigration ont en somme pour défaut principal d'être, selon les termes éclairants de l'économiste Ahmed Tritah, « figées sur une photo », alors que « la contribution d'une personne doit être évaluée sur le cycle d'une vie » :

> Plutôt qu'une photo il s'agirait d'un film. Une première séquence (enfant, jeune) est consacrée à la formation. La contribution aux finances publiques est négative. Le capital humain de demain, facteur essentiel du niveau de vie futur, est constitué au cours de cette période.

---

**46** En France, la part des 15-54 ans est de 61 % dans la population immigrée, contre 48 % chez les autochtones (Insee, 2018).

**47** OCDE, *Perspectives des migrations internationales 2021. Impact budgétaire de l'immigration dans les pays de l'OCDE depuis le milieu des années 2000*, oct. 2021, https://www.oecd-ilibrary.org/fr/social-issues-migration-health/perspectives-des-migrations-internationales-2021_da2bbd99-fr.

La séquence suivante est consacrée à la vie active, avec une contribution positive. Enfin, en dernière séquence, retraitée, la personne vit des créances détenues sur les jeunes générations, sa contribution fiscale est à nouveau négative. L'immigré, dès son arrivée en seconde période de vie, contribue aux finances publiques. Autrement dit, pour l'essentiel, la contribution au capital humain de son pays d'accueil a été financée par les actifs de son pays d'origine. De ce point de vue, le capital humain d'un immigré rapporte davantage que ce qu'il ne coûte[48].

C'est ce que confirme la dernière étude de l'OCDE : « dans tous les pays, la contribution des immigrés sous la forme d'impôts et de cotisations est supérieure aux dépenses que les pays consacrent à leur protection sociale, leur santé et leur éducation[49] ». Des résultats qui viennent appuyer la synthèse réalisée en 2016 par Nicolas Fischer et Camille Hamidi sur l'ensemble des travaux scientifiques concernant « l'impact de l'immigration sur les comptes publics » : « la plupart concluent à des effets limités, tout comme ceux qui s'intéressent aux effets de l'immigration sur les marchés du travail[50] ».

Parlons justement, pour finir, de ces marchés du travail. Car ladite « misère du monde » tombe sous le coup d'une double accusation : elle serait tellement

---

**48** Ahmed Tritah, « L'immigration coûte-t-elle cher ? », *in* H. Thiollet (coord.), *Migrants, migrations. 50 questions pour vous faire votre opinion*, Paris, Armand Colin, 2016.

**49** OCDE, *Perspectives des migrations internationales 2021, op. cit.*

**50** Nicolas Fischer, Camille Hamidi, *Les Politiques migratoires*, Paris, La Découverte, 2016.

miséreuse qu'elle se contenterait de très peu, qu'elle serait pour ainsi dire taillable et corvéable à merci, et qu'elle viendrait donc exercer sur le marché de l'emploi une concurrence déloyale, synonyme de chômage pour les un·es, et pour les autres de pression à la baisse sur les salaires. Mais là encore, il n'en est rien. Comme l'explique encore Xavier Chojnicki, l'idée que l'immigration attise la concurrence entre des travailleurs « substituables » repose sur « une vision très partielle d'une réalité bien plus complexe[51] ». Tout d'abord parce que l'immigration agit certes sur l'offre de travail, mais également sur la demande : les immigré·es ne sont pas que des « producteurs » qui « occupent des emplois » et des « ayants droit » qui touchent des prestations sociales, ils et elles sont aussi « des consommateurs, qui contribuent à augmenter la demande finale de biens et de services, ce qui stimule l'activité et, par ricochet, l'emploi[52] ». Une étude des Nations unies parue en 2008 montrait par exemple « qu'une hausse de 1 % de la population active provenant de l'immigration augmentait le PIB également de 1[53] » – ce que confirme une étude publiée en juin 2018 par des chercheurs du CNRS à propos du cas spécifique des demandeurs d'asile (et sur la base de données issues de 15 pays européens) : un afflux de migrants entraîne une hausse du PIB par habitant, évaluée à 0,32 %, sur deux ans[54].

---

**51** Xavier Chojnicki, « Idées reçues sur l'immigration : une lecture économique », *Humanitaire*, n° 33, 2012.

**52** *Ibid.*

**53** Francesc Ortega, Giovanni Peri, « The causes and effects of international labor mobility: evidence from OECD countries 1980-2005 », *Human Development Research Paper*, 2009/06.

**54** « L'immigration, quels coûts et quels bénéfices pour les pays d'accueil ? », art. cité.

Les études menées depuis plusieurs décennies[55] sur la relation entre immigration, taux d'emploi et niveau des salaires montrent que l'immigration ne provoque pas de chômage chez les nationaux, et qu'elle tend plutôt à élever le salaire desdits nationaux qu'à faire pression à la baisse, car « les immigrés entrent dans une relation de complémentarité plutôt que de substituabilité avec les autochtones » : les métiers pourvus par les arrivant·es sont souvent des métiers non convoités – ou moins convoités – par les Français·es (par exemple, les actifs immigré·es « extracommunautaires » s'orientent trois fois plus que les autres actifs vers l'hôtellerie-restauration, l'intérim, la sécurité et le nettoyage[56]). C'est pourquoi, si concurrence il y a, celle-ci s'exerce « davantage entre anciennes et nouvelles vagues de migrant·es qu'entre migrant·es et natifs·ves[57] ».

Enfin, ladite « misère du monde », du fait notamment de sa relative jeunesse, se distingue aussi par

**55** Pour un aperçu d'ensemble sur ces études, leurs méthodologies et leurs résultats, voir Fischer, Hamidi, *Les Politiques migratoires*, *op. cit.* et France Stratégie, *L'Impact de l'immigration sur le marché du travail, les finances publiques et la croissance*, Rapport pour l'Assemblée nationale, juil. 2019, https://www.strategie.gouv.fr/sites/strategie.gouv.fr/files/atoms/files/fs-rapport-2019-immigration-juillet-2019_1.pdf

**56** Chojnicki, « Idées reçues sur l'immigration... », art. cité. Les chiffres cités dans cet article sont confirmés par une étude publiée en 2021 par la Dares (Direction de l'animation de la recherche, des études et des statistiques), et fondée sur des données de l'Insee de 2017 : la proportion des immigrés en emploi occupant des emplois d'agent d'entretien ou d'agent de sécurité est deux fois plus élevée que celle des autochtones en emploi, et pour des emplois de cuisinier, d'employé ou d'agent de maîtrise de l'hôtellerie et de la restauration, d'ouvrier du bâtiment, des travaux publics, du béton et de l'extraction, la proportion est trois fois plus élevée. Voir Desjonquères, Niang, Okba, *Les Métiers des immigrés*, *op. cit.*

**57** Chojnicki, « Idées reçues sur l'immigration... », art. cité.

une singulière puissance « entrepreneuriale ». Selon une étude de la National Venture Capital Association réalisée en 2012, il y a 62 créateurs d'entreprise sur 10 000 immigrés aux États-Unis, un taux deux fois plus élevé que pour les nationaux autochtones. Et des résultats voisins ont pu être constatés aussi en France : d'après une enquête menée en 1994, la propension à créer une entreprise s'élève à 18 pour 10 000 adultes français, à 49 pour 10 000 parmi les ressortissants des pays européens et à 47 pour 10 000 parmi les étrangers non ressortissants de l'UE – une tendance qui s'observe dans quasiment tous les secteurs de l'économie, et plus particulièrement dans le commerce, la construction et l'industrie[58].

Ces différents éléments se trouvent globalement confirmés dans une étude macro-économique dirigée notamment par Hippolyte d'Albis, publiée en juin 2018 dans *Science Advances*[59]. Comme le résume Anthony Edo, chercheur au Centre d'études prospectives et d'informations internationales : « En moyenne, et à long terme, les études convergent pour dire que

**58** Voir Jacques Bonneau, Dominique Francoz, « Les créateurs d'entreprises », *in* Insee, *Données sociales*, 1996 ; et Stuart Anderson, « American Made 2.0: How Immigrants Continue to Contribute to the U.S. Economy », National Foundation for American Policy, commissioned by and prepared for the National Venture Capital Association, 2012. https://nvca.org/wp-content/uploads/2019/06/American-Made-2.0.pdf.

**59** Hippolyte d'Albis, Ekrame Boubtane, Dramane Coulibaly, « Macroeconomic evidence suggests that asylum seekers are not a "burden" for Western European countries », *Science Advances*, 2018, https://www.ncbi.nlm.nih.gov/pmc/articles/PMC6010334/. On trouvera en français un entretien avec un auteur de l'étude sur le journal du CNRS : Saman Musacchio, « De l'effet bénéfique des migrations sur l'économie », https://lejournal.cnrs.fr/articles/de-leffet-benefique-des-migrations-sur-leconomie

l'immigration n'a pas d'effet négatif sur l'emploi[60] ». Ces études concluent toutes à un faible impact de l'immigration sur le marché du travail, qu'il s'agisse de l'emploi ou des salaires des autochtones. En France, notamment, un accroissement de 1 % de la main-d'œuvre dû à l'immigration se traduirait par une variation de l'emploi des autochtones comprise, selon les études, entre - 0,3 % et + 0,3 %, et une variation des salaires comprise entre - 0,8 % et + 0,5 %[61].

Il arrive d'ailleurs que des travaux parlementaires reconnaissent ce consensus scientifique, et déboulonnent eux aussi les idées reçues condescendantes ou phobiques sur le « poids » de « la misère du monde ». C'est le cas par exemple d'un Rapport parlementaire rendu public le 22 janvier 2020 par deux députés français, Pierre-Henri Dumont (Les Républicains) et Stéphanie Do (La République en Marche)[62].

La réduction des arrivant·es au statut de main-d'œuvre foncièrement et éternellement « miséreuse », docile, taillable et corvéable à merci est à vrai dire d'autant plus malvenue que ce sont les politiques d'immigration menées qui génèrent la misère, en renvoyant des arrivant·es plein·es de ressources et de projets à l'« irrégularité » et donc à la clandestinité, l'invisibilité et la précarité. Notre fameuse sentence apparaît en somme, une fois de plus, comme un énoncé performatif, *produisant* les « réalités » dont il

---

**60** « L'immigration : quels coûts et quels bénéfices pour les pays d'accueils ? », art. cité.

**61** Pour une vision détaillée des différentes études, voir France Stratégie, *L'Impact de l'immigration sur le marché du travail, op. cit.*

**62** https://www.vie-publique.fr/rapport/273006-evaluation-couts-et-benefices-economiques-et-sociaux-de-l-immigration

parle, dont il prétend simplement « prendre acte » et « tenir compte », et devant lesquelles il prétend simplement s'incliner : non seulement l'« impossibilité de l'accueil » (qui n'est en fait qu'*une intolérance produite et entretenue*), mais aussi cette « misère » elle-même. Il faut se rendre à l'évidence : ce « On ne peut pas accueillir toute la misère du monde » permet de justifier et donc faciliter la mise en place de « politiques d'immigration » restrictives, en particulier dans l'attribution et le renouvellement des permis de séjour, dont l'effet premier est une radicale *précarisation* des arrivant·es – en d'autres termes : une production de la « misère » qu'on présente ensuite comme une « donnée » objective, naturelle et immuable.

C'est une autre facette de la politique d'immigration qui se fait jour ici : derrière la désolation de ne pas « pouvoir » secourir « la misère du monde » semble se profiler l'exact opposé : la volonté expresse de « misérer » une jeunesse pleine de ressources qui arrive sur le territoire national – de l'enfoncer dans la misère, et de tirer tout le profit possible de cette misère politiquement produite. Ce que l'économiste François Brun appelle le « bon usage du sans-papiers » :

> Nul doute qu'à titre individuel, le sans-papiers, à tout moment à la merci d'une dénonciation ou d'un contrôle, ne doit avoir qu'une idée très vague de cette tolérance. Son lot quotidien, c'est bien sûr d'abord la peur constante d'être arrêté et mis dans l'avion. Il n'en demeure pas moins que les politiques répressives, quand elles se targuent par exemple aujourd'hui en France d'augmenter de plus d'un tiers le nombre des reconduites à la frontière exécutées ou se promettent

même de les doubler, sont certes génératrices d'autant de drames personnels, mais ne peuvent en aucun cas prétendre avoir raison de la grande masse des sans-papiers, quelles que soient les spéculations hasardeuses sur ce qu'elle représente quantitativement. Et ce d'autant plus que la « maîtrise des flux », dans sa plus extrême rigueur, ne peut jamais être que partiellement efficace. Les gouvernements successifs de tous les pays peuvent donc ajuster leurs lois et règlements en fonction de leurs calculs, de leurs inclinations et de leurs soucis d'image, durcir leurs politiques ou utiliser les régularisations épisodiques comme soupapes, les sans-papiers sont toujours là. C'est pourquoi le ministre de l'Intérieur le plus martial ne peut en définitive que les tolérer. [...]
Quand bien même la présence massive d'étrangers en situation irrégulière ne serait pas froidement programmée, quand bien même elle ne serait que le corollaire fatal de la fermeture des frontières, force est de reconnaître qu'elle est d'autant plus cyniquement gérée que le bon usage des sans-papiers n'est pas ignoré. La place qui leur est assignée dans l'économie ne présente pas le moindre caractère aléatoire[63].

La présence permanente d'un « stock » conséquent de sans-papiers permet en somme, pour reprendre une formule de l'anthropologue Emmanuel Terray, de produire une espèce de « délocalisation sur place[64] ».

---

**63** François Brun, « Sans-papiers, mais pas sans emploi », *Plein droit*, n° 61, juin 2004.

**64** Emmanuel Terray, « Le travail des étrangers en situation irrégulière ou la délocalisation sur place », *in* É. Balibar, M. Chemillier-Gendreau, J. Costa-Lascoux (dir.), *Sans-papiers. L'archaïsme fatal*, Paris, La Découverte, 1999.

Des secteurs entiers de l'économie – en particulier le bâtiment (dans des entreprises sous-traitantes, sur des grands chantiers ou en rénovation), la restauration (cuisine, plonge), la confection (chez les façonniers sous-traitants), l'agriculture (avec les saisonniers), la livraison à domicile, les services aux particuliers (coiffure, services domestiques, garde d'enfants, soin aux personnes âgées[65]) – reposent sur cette main-d'œuvre flexible et bon marché, condamnée à la docilité par une épée de Damoclès qui pèse sur chaque tête : l'expulsion (pour les sans-papiers en premier lieu, mais aussi pour les autres, qui ont peur de le devenir). L'illégalité dans laquelle les migrant·es sont maintenu·es par des politiques publiques de plus en plus restrictives les empêche notamment de se référer au Code du travail pour bénéficier de la loi commune en termes de salaires, de congés et de temps de travail, ou même des conditions basiques d'hygiène et de sécurité : « les conditions ne sont pas réunies pour qu'ils puissent mobiliser en leur faveur un droit qui leur serait pourtant en principe applicable[66] ».

---

**65** Voir Ambrosini, « Immigration irrégulière et métiers du soin à la personne. Rhétoriques d'exclusion et pratiques de tolérance », art. cité. L'auteur souligne notamment la dureté de ces métiers, qui pousse de nombreuses femmes à s'en éloigner dès qu'elles le peuvent après leur régularisation, laissant la place à d'autres sans-papières. Voir aussi Nasima Moujoud, « Les sans-papiers et le service domestique en France : femmes et non-droit dans le travail », *Recherches féministes*, vol. 31, n° 1, 2018. Le secteur de la livraison à domicile profite également d'une main-d'œuvre précarisée, composée massivement, voire majoritairement, de sans-papiers : voir Amandine Cloot, « Profession : coursier sans-papiers », *Le Soir*, 11 oct. 2021.

**66** Brun, « Sans-papiers, mais pas sans emploi », art. cité. Lire aussi Nathalie Ferré, Violaine Carrère, « Travailleurs clandestins ou mécanismes clandestins ? », *Plein droit*, n° 119, 2018/4 ; Alain Morice, Swanie Potot (dir.), *De l'ouvrier immigré au travailleur sans papiers. Les étrangers dans la modernisation du salariat*, Paris, Karthala, 2010.

Par ailleurs, de nombreux·euses migrant·es ne touchent même pas toutes les prestations sociales auxquelles ils et elles devraient avoir droit dans une démocratie réelle. En France par exemple :

- le droit au RSA n'est pas accordé aux étrangers·ères tant qu'ils ou elles ne justifient pas de cinq années de séjour régulier et d'autorisation de travail ;
- l'aide médicale d'État (AME, semblant de sécurité sociale minimale réservé aux sans-papiers) ne peut être touchée qu'après trois mois de séjour, et sous condition de gagner moins que 766 euros (ou 1 150 euros pour un couple)[67] ;
- l'allocation d'aide aux personnes âgées (APA) n'est accordée qu'aux titulaires d'une carte de séjour de dix ans ou d'un statut de réfugié, et sous condition de passer au moins 180 jours sur le territoire français (et donc moins de 185 jours dans le pays d'origine ou ailleurs).

La précarité est enfin produite et entretenue, aussi bien chez les « réguliers·ères » que les « irréguliers·ères », par d'autres discriminations légales, et notamment l'interdiction de plus de 20 % des emplois (dans le secteur public ou semi-public essentiellement, mais aussi dans les professions libérales) aux non-ressortissant·es de l'Union européenne[68]. C'est ainsi, répétons-le, qu'une population qui a fui la misère s'y trouve renvoyée, non seulement dans les discours (par cette dénomination réductrice : « la misère du monde ») mais aussi

---

67 Ameli.fr, 31 mars 2022.

68 Voir Antoine Math, Alexis Spire, « Des millions d'emplois interdits », Imsi.net, août 2015, et Observatoire des inégalités, « Cinq millions d'emplois demeurent fermés aux étrangers non européens », www.inegalites.fr, 19 août 2019.

dans les faits (par ces discriminations légales et ce « bon usage du sans-papiers »).

Rappelons par ailleurs qu'un véritable débat sur le « coût économique des migrations » se doit de prendre également en compte *le coût des politiques d'immigration répressives*. Dans le cas français, par exemple, le sociologue Damien de Blic a chiffré à plus de 700 millions d'euros annuels le coût des politiques d'expulsion et de reconduite à la frontière[69].

Une dernière question s'impose enfin, la plus impérieuse : celle du coût de ce débat lui-même, sur un plan plus fondamental : philosophique, éthique et politique. Car au-delà de la « misère » qu'ils ou elles cherchent à fuir, et de la « puissance » qu'ils ou elles injectent dans la vie économique, ces migrant·es pris pour objet de débat sont une infinité d'autres choses. Ils et elles sont des sujets sociaux à part entière, doté·es d'une culture au sens le plus large du terme, et d'une personnalité, d'une créativité, irréductible à toute appellation expéditive et englobante (aussi bien « misère » que « richesse » ou « enrichissement », aussi bien « charge » que « chance » ou « aubaine »). Et s'il n'est pas inutile de rappeler tout le potentiel économique, et au-delà toute l'énergie et « l'agentivité » de ces arrivant·es, afin de souligner le caractère infondé, fantasmatique et dangereux de ce misérabilisme malveillant qui fait d'elles et d'eux des fardeaux qu'il « faudrait » mais qu'on ne « peut » plus supporter, il importe aussi – et surtout – de dénoncer l'égoïsme sordide, le cynisme même,

---

**69** Damien de Blic, « Les immigrés, manne ou fardeau économique ? », *Projet*, vol. 4, n° 335, 2013.

de tous les questionnements focalisés sur les coûts et les avantages[70] – et d'assumer plutôt un questionnement éthique. Car une société ne se fonde pas seulement sur des intérêts à défendre, mais aussi sur des principes à honorer – et il en va de même, du reste, de toute subjectivité individuelle[71]. Le réalisme, si souvent invoqué par nos gouvernants, exige qu'on prenne en compte *aussi* cette réalité-là : nous ne vivons pas seulement de pain, d'eau et de profit matériel, mais aussi de valeurs que nous sommes fiers d'incarner et qui nous permettent de nous regarder dans une glace. Personne ne peut ignorer durablement ces exigences morales sans finir par le payer, sous une forme ou une autre, par une inexpugnable honte. Et s'il est précisément *honteux*, inacceptable moralement aux yeux de tous – ou du moins de beaucoup – de refuser des soins aux enfants, aux vieillards, aux malades ou aux handicapé·es en invoquant leur manque de « productivité » et de « rentabilité », il doit être tout aussi inacceptable de le faire quand lesdit·es enfants, vieillards, malades ou handicapé·es viennent d'ailleurs – sauf à sombrer dans la plus simple, brutale et abjecte xénophobie.

**70** Voir Abdelmalek Sayad, « Coûts et profits de l'immigration : les présupposés politiques d'un débat économique », *Actes de la Recherche en sciences sociales*, n° 61, 1986. Voir aussi, du même auteur : *La Double Absence, op. cit.*, chapitre 3 : « Une immigration exemplaire ». Voir enfin Alain Morice, « Choisis, contrôlés, placés. Renouveau de l'utilitarisme migratoire », *Vacarme*, n° 14, janv. 2001.

**71** Voir Tevanian, « Plaidoyer pour les bons sentiments », art. cité.

# Pour l’hospitalité

Nous estimons l'avoir démontré : la phrase « on ne peut pas accueillir toute la misère du monde » est xénophobe. Par xénophobie, il faut entendre la combinaison de deux éléments que sont la peur et l'étranger, reliés par un lien causal : c'est l'autre, en tant qu'autre, qui est l'objet de la peur. La xénophobie en tant que peur est donc une émotion ressentie face à un danger perçu comme imminent. Il s'agit d'une sensation physique qui a pour effet d'inhiber la pensée et d'induire une réponse immédiate, soit de l'ordre du combat soit de l'ordre de la fuite. Plus précisément, le mot phobie renvoie à des peurs irrationnelles, démesurées voire infondées, portant sur un danger minime ou inexistant – il en va ainsi, par exemple, de l'arachnophobie (peur des araignées) ou de l'agoraphobie (peur de la foule).

La phrase « on ne peut pas accueillir toute la misère du monde » est bel et bien xénophobe, on l'a vu, en ce qu'elle oppose un « nous » national à un « eux » qui désigne d'une manière grossière et générale les personnes étrangères. Elle l'est aussi parce que l'hyperbole « toute la misère du monde » suggère une entité gigantesque, donc potentiellement menaçante, « engloutissante », « envahissante », que toute personne sensée souhaiterait en toute logique éviter. Par sa formulation, cette phrase fait apparaître la présence d'étrangers sur le territoire national comme un « accueil » de « toute » la « misère » du « monde », ce qui entretient les fantasmes les plus aberrants et les plus toxiques sur le « grand remplacement ».

Les différentes dimensions et manifestations de la xénophobie sont souvent résumées par la célèbre « pyramide de la haine et de la discrimination », qui permet de visualiser, sous forme de schéma géométrique, la manière dont des « croyances » se cristallisent dans des passages à l'acte de plus en plus violents, massifs et extrêmes – chaque étage de la pyramide reposant sur le précédent, et posant les conditions de possibilité du suivant.

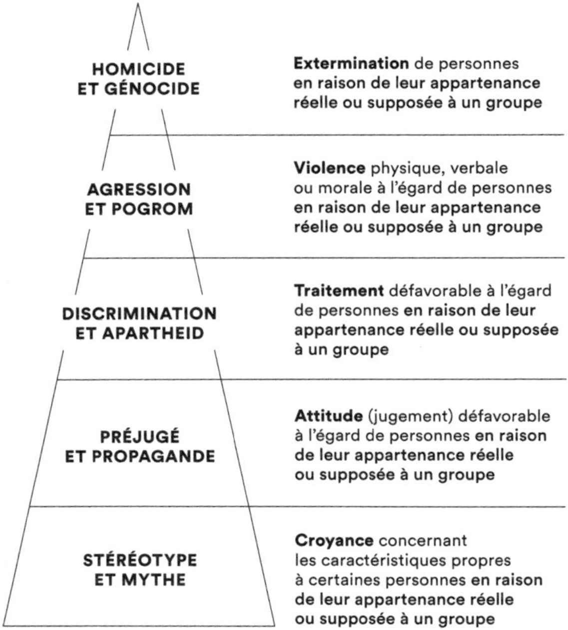

L'origine de ce schéma n'est pas bien identifiée, mais son usage s'est imposé dans de nombreux cadres plus ou moins institutionnels de lutte contre la violence, notamment raciste, sexiste ou homophobe. Utile pour alerter sur la dimension polymorphe du racisme et de la xénophobie, mais aussi et surtout sur les liens qui existent entre leurs formes les plus « ordinaires » et leurs déclinaisons les plus meurtrières, cette pyramide est aussi critiquable, dans la mesure surtout où elle semble faire tout reposer sur le monde des idées, et plus précisément sur la psychologie du ou des raciste(s) (la « croyance », puis l'« attitude », ne débouchant qu'au troisième échelon sur des « comportements ») – et peut donc laisser penser que les formes les plus extrêmes, collectives et organisées de violence physique ne sont qu'une addition d'individualités racistes radicalisées[72]. Ce schéma tend ainsi à occulter le rôle structurant que jouent les institutions et les pratiques sociales, économiques, étatiques, à tous les étages de la pyramide – à commencer par sa base. Les préjugés, par exemple, ne naissent pas par génération spontanée dans l'esprit des individus ou dans le corps social, mais sont eux-mêmes des cristallisations « théoriques », « idéologiques », de rapports sociaux et économiques de domination, qui s'incarnent d'emblée dans des pratiques violentes – comme la discrimination, l'apartheid, le pogrom ou le génocide. Sans l'esclavage et la tutelle coloniale, par exemple, et sans

---

**72** Pour une analyse critique de cette conception individualisante du racisme, voir Pierre Tevanian, « Vous avez dit racisme ? Réflexions sur une bataille sémantique », lmsi.net, nov. 2021, et *La Mécanique raciste*, Paris, La Découverte, 2017.

la nécessité sociale de les légitimer, il n'y aurait pas les préjugés que nous connaissons sur la « paresse » ou l'« immaturité » de « l'Africain »[73].

Nous nous référerons tout de même à cette pyramide, avant tout pour faire bien apparaître la xénophobie polymorphe de cette fameuse sentence : « On ne peut pas accueillir toute la misère du monde ».

Ces mots entretiennent tout d'abord un *stéréotype*, puisqu'ils opèrent un amalgame entre un phénomène massif (la misère) et toute une fraction de la population (les immigré·es). La formule étant consacrée, rebattue, ressassée à l'infini comme une rengaine populaire, on peut aussi parler de *mythe*.

On peut parler également de *préjugé*, et même de *stigmate*, puisqu'il est clair que le mot misère, loin d'être connoté positivement, désigne un fléau social. Nous avons donc affaire à un jugement défavorable porté a priori sur les personnes étrangères, sans que l'assignation à une essentielle et fondamentale misère soit étayée par une quelconque recherche empirique. La présence des immigré·es apparaît dès lors comme une charge, et seulement une charge, pour la collectivité. Asséné quotidiennement et à haute dose, par de multiples canaux autorisés, ce préjugé défavorable relève, qu'on le veuille ou non, de la *propagande* xénophobe.

Cette propagande va de pair avec une *discrimination*, qu'elle vient légitimer : la prétendue impossibilité « d'accueillir toute la misère » joue en effet comme base argumentative pour la justification de

---

**73** Voir Albert Memmi, « Portrait mythique du colonisé », in *Portrait du colonisé, précédé du portrait du colonisateur*, Paris, Gallimard, Folio Actuel, 2002.

mesures spécifiques et discriminatoires prises à l'encontre des personnes étrangères – de leur enfermement à leur expulsion, sans parler des inégalités d'accès à la santé – et l'on peut bien dire qu'elle contribue à instaurer des formes d'*apartheid*.

Cette phrase peut également être considérée, sur le plan verbal, comme une *agression*. En effet, se faire désigner et donc résumer par ce signifiant unique, « misère du monde », est en soi une violence symbolique. Cette appellation essentialise des personnes et les réduit à une seule dimension, négative de surcroît – et elle les déshumanise en évacuant complètement le fait que, précisément, ce *sont des personnes*. Par ailleurs, cette appellation contient en germes d'autres types de violence, moins symboliques : ne nous dit-on pas, quotidiennement, que la « misère » est un « fléau », qui nous « menace », et qu'elle doit être « éradiquée » ? Les actions violentes menées par des milices identitaires en Méditerranée ou dans les Alpes[74] donnent un aperçu des pogroms rendus possibles par ce credo sur « la misère du monde ».

La première attitude possible face à des gens qui prononcent cette phrase est donc de se désolidariser du « nous » et de les inviter à reformuler leur propos en jouant le jeu du « je ». Ensuite, et surtout, il convient de refuser catégoriquement d'entrer en discussion au sujet de personnes tant que celles-ci sont désignées par un substantif abstrait comme le mot

---

**74** Voir « Des pirates anti-migrants en Méditerrannée », *Politis*, 13 juin 2017, https://www.politis.fr/articles/2017/06/des-pirates-anti-migrants-en-mediterranee-37141/ ; Estelle Maution, « Génération identitaire condamnée pour son action anti-migrants dans les Alpes », *La Croix*, 29 août 2019.

« misère ». Si c'est de personnes qu'il s'agit, il faut que soit explicité avec précision *de qui exactement il est question*, et de quelle manière il est acceptable d'en parler. Ces deux préalables posés, il importe ensuite savoir si l'assertion est discutable, si un débat est ouvert, ou si la personne entend énoncer un dogme, qu'elle n'accepte pas de questionner. Est-ce une impossibilité ou un interdit qui est énoncé quand on dit qu'on ne « peut » pas ? Et si c'est une impossibilité, est-ce une réelle impossibilité matérielle, objective, démontrée par des faits et des arguments, ou une simple « impossibilité personnelle », subjective, dont l'autre nom est l'*intolérance* ? Bref, encore une fois : s'agit-il de dire qu'on ne peut réellement pas laisser entrer des gens, et les laisser vivre ensuite sur le territoire national, ou bien de dire qu'on ne le *veut* pas – et qu'on choisit de les laisser mourir ?

Cette phrase doit être dénoncée, démontée, reformulée, en raison de son caractère profondément xénophobe. Penser et agir sur les « questions migratoires » ne peut se faire dans un contexte phobique, sur la base de « vérités premières » aussi catégoriques (« nous ne pouvons pas ») que biaisées (« accueillir ») et outrancières (« toute la misère du monde »), aussi péremptoires et aussi fragiles dans leurs fondements, n'ouvrant comme perspectives que la peur et la haine, la fuite ou la violence. Si l'arrivée d'étrangers·ères inquiète et pose problème à certain·es, n'oublions pas que lesdit·es étrangers·ères, de leur côté, sont aussi confronté·es à des problèmes, souvent autrement plus radicaux, dramatiques, tragiques : ceux de leurs pays d'origine, ceux qui sont liés à l'exil et à la lente et pénible intégration dans un nouveau pays, ceux qui sont liés au dédale administratif, au contrôle policier, au racisme et à la xénophobie[75].

Refusons surtout que ces « problèmes d'immigration » remettent en cause l'humanité desdits immigrés, car les risques sont réels d'y apporter alors des solutions proprement « inhumaines ». L'avenir pourrait nous en donner la démonstration la plus effroyable, mais le présent et le passé récent suffisent à l'entrevoir : le pire n'est pas à venir, il a déjà commencé d'advenir.

---

**75** Voir notamment Stefan Le Courant, *Vivre sous la menace. Les sans-papiers et l'État*, Paris, Seuil, 2022.

## Nouveaux permis de séjour délivrés dans l'UE en 2018

| | Valeur absolue | Pour 1 000 hab.* |
|---|---|---|
| UE | 3 225 436 | 6,3 |
| Belgique | 59 624 | 5,2 |
| Bulgarie | 11 864 | 1,7 |
| Tchéquie | 71 201 | 6,7 |
| Danemark | 35 403 | 6,1 |
| Allemagne | 543 571 | 6,6 |
| Estonie | 5 143 | 3,9 |
| Irlande | (49 939) | (10,3) |
| Grèce | 35 571 | 3,3 |
| Espagne | 259 600 | 5,5 |
| France | 264 876 | 4,0 |
| Croatie | 26 307 | 6,4 |
| Italie | 238 863 | 4,0 |
| Chypre | 20 990 | 24,1 |
| Lettonie | 8 852 | 4,6 |
| Lituanie | 12 267 | 4,4 |
| Luxembourg | 7 727 | 12,7 |
| Hongrie | 55 739 | 5,7 |
| Malte | 17 176 | 35,4 |
| Pays-Bas | 92 068 | 5,3 |
| Autriche | 46 521 | 5,3 |
| Pologne | 635 335 | 16,7 |
| Portugal | 61 741 | 6,0 |
| Roumanie | 16 487 | 0,8 |
| Slovénie | 29 632 | 14,3 |
| Slovaquie | 21 040 | 3,9 |
| Finlande | 22 508 | 4,1 |
| Suède | 124 616 | 12,2 |
| Royaume-Uni | 450 775 | 6,8 |
| Islande | 1 932 | 5,5 |
| Liechtenstein | 811 | 21,2 |
| Norvège | 25 704 | 4,8 |
| Suisse | 43 726 | 5,1 |

* Fait référence à la population résidente en 2018.
( ) Données peu fiables.

Source : Eurostat.

## Nombre de permis de séjour délivrés pour la première fois dans l'UE (2011-2020)

| | 2011 | 2012 | 2013 | 2014 | 2015 | 2016 | 2017 | 2018 | 2019 | 2020 |
|---|---|---|---|---|---|---|---|---|---|---|
| Union européenne (27 pays, à partir de 2020) | 1 476 479 | 1 465 889 | 1 633 601 | 1 759 861 | 1 991 485 | 2 494 522 | 2 695 342 | 2 790 045 | 2 955 495 | 2 247 362 |
| Union européenne (28 pays, 2013-2020) | | | 2 357 849 | 2 327 667 | 2 624 502 | 3 024 398 | 3 212 342 | 3 240 820 | | |
| Belgique | 56 741 | 48 484 | 43 861 | 45 513 | 52 565 | 58 216 | 59 827 | 59 624 | 60 312 | 47 640 |
| Bulgarie | 5 030 | 6 418 | 6 436 | 8 795 | 9 595 | 7 942 | 10 958 | 11 864 | 13 500 | 10 267 |
| Tchéquie | 20 978 | 42 123 | 45 544 | 35 458 | 68 804 | 80 070 | 57 721 | 71 201 | 117 071 | 54 332 |
| Danemark | 24 707 | 24 812 | 31 308 | 35 881 | 46 147 | 41 405 | 37 091 | 35 301 | 35 037 | 23 853 |
| Allemagne | 110 349 | 184 070 | 199 925 | 237 627 | 194 813 | 504 849 | 535 446 | 543 571 | 460 340 | 312 692 |
| Estonie | 3 408 | 2 530 | 2 496 | 3 222 | 3 984 | 4 308 | 4 380 | 5 143 | 6 200 | 4 992 |
| Irlande | 24 570 | 26 818 | 32 780 | 36 728 | 38 433 | 41 279 | 47 901 | 49 939 | 59 278 | 30 382 |
| Grèce | 21 269 | 16 252 | 18 299 | 22 451 | 37 464 | 44 072 | 29 995 | 35 571 | 42 348 | 19 821 |
| Espagne | 282 763 | 223 318 | 196 244 | 189 481 | 192 931 | 211 533 | 231 153 | 259 600 | 320 037 | 312 355 |
| France | 199 581 | 199 500 | 214 346 | 220 599 | 228 687 | 237 218 | 254 634 | 267 426 | 287 443 | 225 890 |
| Croatie | 0 | 0 | 3 320 | 3 334 | 3 433 | 5 315 | 9 733 | 26 307 | 50 455 | 35 138 |
| Italie | 331 083 | 246 760 | 243 954 | 204 335 | 178 884 | 222 398 | 256 593 | 238 863 | 175 857 | 105 729 |
| Chypre | 15 645 | 11 715 | 11 455 | 13 841 | 15 569 | 16 970 | 18 971 | 20 990 | 23 325 | 16 910 |
| Lettonie | 3 982 | 5 620 | 7 615 | 9 857 | 6 357 | 6 037 | 6 647 | 8 852 | 10 143 | 5 532 |

| | | | | | | | | | | |
|---|---|---|---|---|---|---|---|---|---|---|
| Lituanie | 2 429 | 3 696 | 4 601 | 7 252 | 5 178 | 6 750 | 10 207 | 12 267 | 21 415 | 22 511 |
| Luxembourg | 2 698 | 3 804 | 4 169 | 4 289 | 4 918 | 5 627 | 7 207 | 7 727 | 8 428 | 5 707 |
| Hongrie | 14 893 | 13 282 | 16 833 | 21 188 | 20 751 | 22 842 | 32 229 | 55 739 | 62 073 | 54 835 |
| Malte | 3 484 | 4 526 | 6 795 | 9 895 | 9 984 | 8 995 | 12 497 | 17 176 | 21 165 | 11 107 |
| Pays-Bas | 55 074 | 51 162 | 64 739 | 69 569 | 86 691 | 95 753 | 97 395 | 92 068 | 102 132 | 73 511 |
| Autriche | 35 442 | 37 852 | 34 308 | 40 062 | 51 282 | 50 066 | 55 968 | 46 521 | 39 865 | 34 759 |
| Pologne | 108 036 | 146 619 | 273 886 | 355 521 | 541 583 | 585 969 | 688 912 | 648 169 | 724 416 | 598 047 |
| Portugal | 35 172 | 32 590 | 26 593 | 29 764 | 29 021 | 25 728 | 34 073 | 61 741 | 93 475 | 84 397 |
| Roumanie | 9 740 | 10 125 | 11 160 | 10 294 | 11 289 | 11 867 | 13 264 | 16 487 | 27 103 | 17 844 |
| Slovénie | 9 800 | 9 092 | 8 271 | 9 891 | 11 417 | 13 517 | 19 609 | 29 632 | 31 517 | 19 010 |
| Slovaquie | 3 641 | 4 210 | 4 416 | 5 510 | 9 279 | 10 227 | 13 688 | 21 040 | 28 836 | 18 251 |
| Finlande | 20 230 | 20 263 | 21 122 | 21 552 | 21 797 | 28 792 | 25 141 | 22 508 | 31 868 | 24 752 |
| Suède | 75 734 | 90 248 | 99 122 | 107 947 | 110 623 | 146 740 | 129 754 | 124 616 | 101 704 | 77 664 |
| Pays de l'EEE hors pays de l'UE | | | | | | | | | | |
| Islande | 858 | 960 | 995 | 985 | 1 144 | 1 469 | 1 598 | 1 932 | 2 105 | |
| Liechtenstein | 0 | 0 | 739 | 728 | 808 | 785 | 793 | 811 | 892 | |
| Norvège | 26 764 | 28 037 | 27 692 | 25 902 | 30 683 | 38 349 | 30 713 | 25 704 | 25 349 | 17 402 |
| Suisse | 0 | 44 764 | 49 238 | 43 252 | 41 105 | 42 021 | 42 179 | 43 726 | 31 004 | |
| Autre(s) pays de l'Association européenne de libre-échange (AELE) | | | | | | | | | | |
| Royaume-Uni | 701 657 | 631 940 | 724 248 | 567 806 | 633 017 | 529 876 | 517 000 | 450 775 | | |

Source : Eurostat, 9 novembre 2021.

## Pour aller plus loin

### Livres


Karen Akoka, *L'Asile et l'Exil. Une histoire de la distinction réfugiés/migrants*, Paris, La Découverte, 2020.

Sophie-Anne Bisiaux (dir.), *En finir avec les idées fausses sur les migrations*, Paris, Éditions de l'Atelier, 2021.

Léa Emmanuel, « Mise en œuvre de la politique des demandeurs d'asile. Perception du processus de la part des requérants », mémoire de master en science politique, Université Libre de Bruxelles, 2018.

Didier Fassin, Alain Morice, Catherine Quiminal, *Les Lois de l'inhospitalité. Les politiques de l'immigration à l'épreuve des sans-papiers*, Paris, La Découverte, 1997.

Nicolas Fischer, Camille Hamidi, *Les Politiques migratoires*, Paris, La Découverte, 2016.

François Héran, *Immigration : le grand déni*, Paris, Seuil, 2023.

Reece Jones, *La Violence des frontières. Les réfugiés et le droit de circuler*, Paris, Éliott Éditions, 2022.

Souad Lamrani, « Race et frontières : les biais raciaux dans les politiques migratoires et la production de mobilités différenciées », thèse de doctorat en philosophie, Sorbonne Université, 2020.

Stefan Le Courant, *Vivre sous la menace. Les sans-papiers et l'État*, Paris, Seuil, 2022.

Annalisa Lendaro, Youri Lou Vertongen, Claire Rodier, *La Crise de l'accueil. Frontières, droits, résistances*, Paris, La Découverte, 2019.

Migreurop (Collectif), *Atlas des migrations dans le monde. Libertés de circulation, frontières et inégalités*, Paris, Armand Colin, 2022.

Alain Morice, Swanie Potot (dir.), *De l'ouvrier immigré au travailleur sans papiers. Les étrangers dans la modernisation du salariat*, Paris, Karthala, 2010.

Claire Rodier, *Migrants et réfugiés. Réponse aux indécis, aux inquiets et aux réticents*, Paris, La Découverte, 2016.

Abdelmalek Sayad, *La Double Absence. Des illusions de l'émigré aux souffrances de l'immigré*, Paris, Seuil, 1999.

Camille Schmoll, *Les Damnées de la mer. Femmes et frontières en méditerranée*, Paris, La Découverte, 2020.

Alexis Spire, *Accueillir ou reconduire. Enquête sur les guichets de l'immigration*, Paris, Raisons d'Agir, 2008.
Hélène Thiollet (coord.), *Migrants, migrations. 50 questions pour vous faire votre opinion*, Paris, Armand Colin, 2016.
Catherine Withol de Wenden, *Le Droit d'émigrer*, Paris, CNRS éditions, 2013.
Louis Witter, *La Battue. L'État, la police et les étrangers*, Paris, Seuil, 2023.

**Publications sur Internet**

Carine Fouteau, « Méditerranée, cimetière migratoire », 2012-2015. Série de 25 articles sur Mediapart : https://www.mediapart.fr/journal/dossier/international/la-mediterranee-cimetiere-migratoire
Charles Heller et Lorenzo Pezzani, « Blaming the Rescuers », 2017, https://blamingtherescuers.org.
Cimade, « Solidarité avec les migrants, réfugiés, demandeurs d'asile et étrangers en situation irrégulière », www.lacimade.org
Gisti. Groupe d'information et de soutien aux immigrés, www.gisti.org
Migreurop. Décryptage des politiques migratoires européennes : https://migreurop.org/
Missing migrants project. Site dédié aux personnes décédées au cours d'un processus de migration, https://missingmigrants.iom.int/

## Remerciements

Les auteurs remercient, pour leurs relectures et précieux conseils, Noémie Emmanuel, Chloé Pathé, Isabelle Saint-Saëns, Sylvie Tissot.
Pierre Tevanian dédie ce livre à la mémoire d'Ardemis Ouzounian, Krikor Tevanian et Guregh Tevanian, pour des raisons évidentes.
Jean-Charles Stevens dédie l'ouvrage à ses filles,
Babette, Maya et Salomé ; que le monde soit toujours un peu plus beau, plus vrai, plus juste.

## Biographie des auteurs

**Jean-Charles Stevens** est expert juriste et a travaillé pendant une dizaine d'années dans plusieurs associations belges de défense du droit des étrangers (le CIRÉ, la Ligue des droits humains et l'ADDE). Dans ce cadre, il a écrit de nombreux articles sur l'actualité législative et jurisprudentielle, principalement relative au droit des étrangers et spécifiquement au droit à l'accueil des demandeurs d'asile.

**Pierre Tevanian** est philosophe, enseignant, co-animateur du site Les mots sont importants. Il est notamment l'auteur de : *Dictionnaire de la lepénisation des esprits* (avec Sylvie Tissot, L'Esprit frappeur, 2002) ; *Le Voile médiatique* (Raisons d'Agir, Seuil, 2005) ; *La République du mépris* (La Découverte, 2007) ; *Les filles voilées parlent* (collectif, La Fabrique, 2008) ; *Dévoilements* (Libertalia, 2012) ; *La Haine de la religion* (La Découverte, 2013) ; *Chronique du racisme républicain* (Syllepse, 2013) ; *La Mécanique raciste* (La Découverte, 2017) ; *Mulholland Drive. La clef des songes* (Dans nos histoires, 2019) ; *Politiques de la mémoire* (Amsterdam, 2021).

## Table des matières

**Direction éditoriale**
Chloé Pathé

**Direction artistique**
Monika Jakopetrevska

Imprimé sur les presses de l'imprimerie Corlet,
à Condé-en-Normandie,
pour le compte des éditions
Anamosa, 12, rue de Cotte, 75012 Paris.
www.anamosa.fr
1re impression : juillet 2022 ; 6e impression : décembre 2024.

Dépôt légal : juillet 2022
ISBN : 978-2-38191-056-7